歴史文化ライブラリー

351

偽りの外交使節

室町時代の日朝関係

橋本 雄

吉川弘文館

目　次

＊カバー写真解説

（表）『知恩院縁起』中巻（奈良・忍辱山《にんにくせん》円成寺《えんじょうじ》蔵）

一四八二年、円成寺の栄弘《えいこう》阿闍梨《あじゃり》が足利義政の名目上の使者となって朝鮮に渡り、高麗版大蔵経を請来した。本縁起は、そのときの様子を寛政元年（一七八九）に想像して描いたものである。

この栄弘によって、ニセモノの日本国王使や王城大臣使の通交を阻むために朝鮮から造給されていた象牙製割符の第一（第一牙符《がふ》）が初めてもたらされ、日朝牙符制は発効した。本書「日朝牙符制のくびき」参照。

（背）対馬宗氏旧蔵偽造木印「徳有鄰《とくゆうりん》」（福岡・九州国立博物館蔵）

かつて宗氏が所蔵していた、足利将軍家の印鑑「徳有鄰」の模造（偽造）印である。記録上のホンモノと同じく、桜の木で作られている。この印鑑は、朝鮮や琉球向けの外交文書に使用されていた。現在、四顆の「徳有鄰」が伝存しており、十六世紀末までの間に、少なくとも四代分の「日本国王」国書が偽造されていたことが判明する。本書「室町幕府の朝鮮外交」参照。

中世のたくましい倭人たち——プロローグ

困った来訪者

見ず知らずの他人が突然たずねてきて、自分の親戚や親友、知人などからの遣いだと語り、「だれそれから手紙を託されたので受け取ってほしい。せっかく来たのだからお茶でも淹《い》れていただけないか。そうそう、ちょうど昼時だから御飯でも呼ばれていこうか」——などと言ってきたら、皆さん、どうするだろうか。新手《あらて》の泥棒か詐欺だと思って、家に上げないのが普通だろう。私なら、絶対に御免こうむりたい。

ところが、中世の対馬《つしま》・壱岐《いき》・五島《ごとう》・松浦《まつら》地方、そして博多あたりの倭人たちは、これに類することを朝鮮に対して日常的に繰り返していた。刀一本担いで朝鮮半島に渡り、貿易の機会をせがむような厚かましい倭人の存在はかねてより知られていたが（田中健夫『倭寇』）、こうした〝押し買い〟然とした態度は、実際それほど珍しいことでもなかったのである。それどころか、何やかのと理由をつけては滞在期間を引き延ばし、その分の接待費・滞在費を掠め取ろうとしばしば駄々をこねた。当時の「倭人」は、今の「日本人」よりはるかにたくましかったと言えよう。

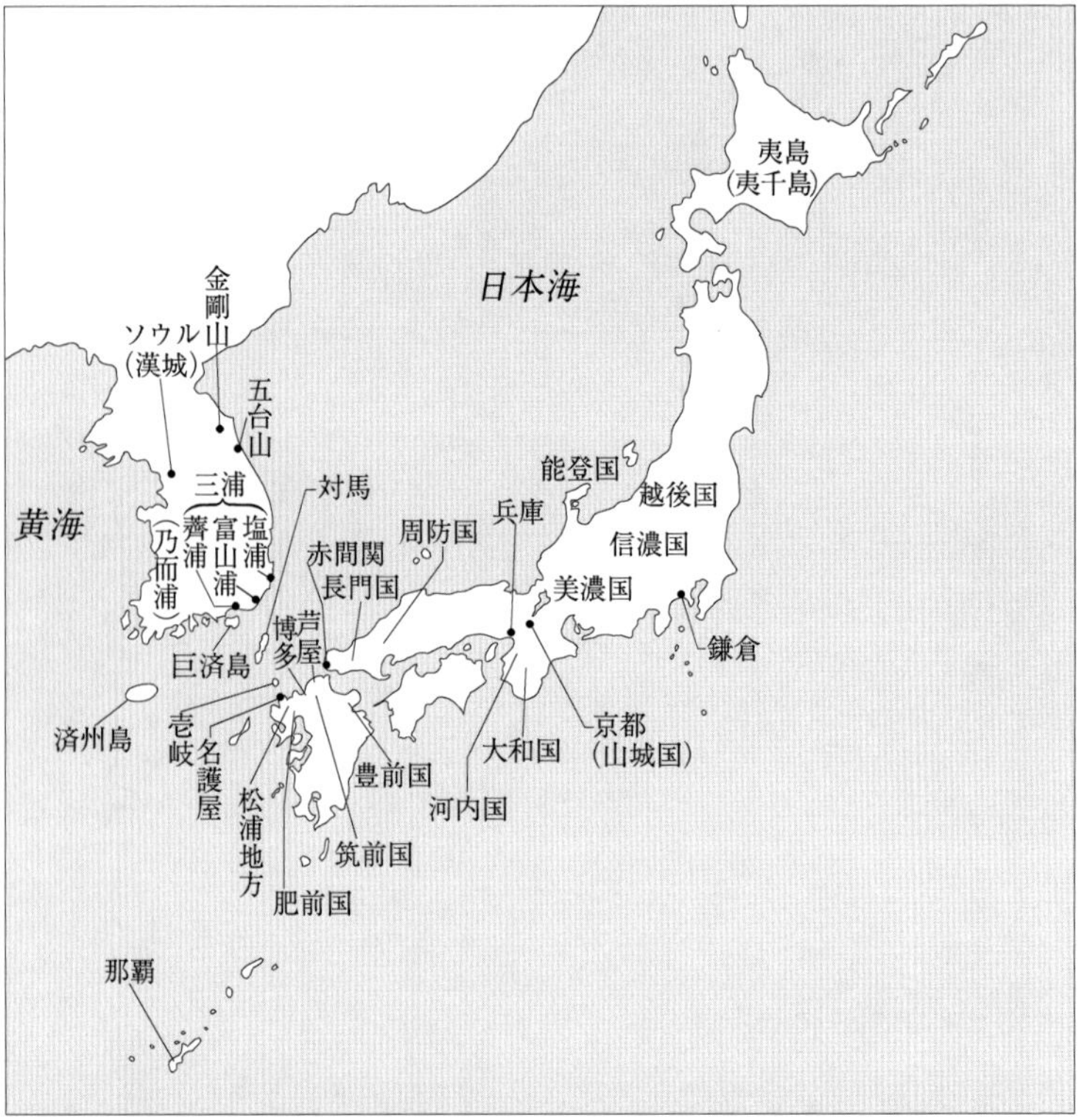

図１　日本列島から朝鮮半島にかけての日朝交流関係地図

中世後期（十五〜十六世紀）の日朝関係においては、さらに深刻で複雑な問題が生じていた。それは、そのような厚顔無恥な〝押し買い〟的行為を行なう使者たちが、必ずしも本物の使節（真使）だとは限らなかったという問題である。朝鮮側としても、本物でない使節に対しては、あえて厚遇する必要がない。むしろ彼らは〝招かれざる客〟である。それゆえ、朝鮮政府にとって、この偽使問題は、実にゆゆしき頭痛の種であった。

近年、右に述べたような偽使問題に関する研究がさかんに行なわれている。かく言う私もその末席をけがす一人である。おそらく、偽使問題研究の成果を抜きに、日朝関係史の実態を把握することはもはや不可能と言ってよかろう。それほど、数多くの偽使たちが対馬海峡を越えて朝鮮半島に渡っていたのである。本書でもその一部を紹介していくが、それはまさしく氷山の一角にすぎなかったのだ。

偽使問題とは何か

偽使とは、簡単に言えば「偽物（ニセモノ）の外交使節」のことである。しかしながら、この世に存在しない、架空の人物を騙《かた》るようなものだけが偽使である、というわけでもない。この点はよく誤解されるので、ことさらに強調しておきたい。

偽使の分類については、のちほど本文で詳しく述べるつもりだが、たとえば、実在する人物と何の接点もない人間が勝手に渡海・通交してしまう例や、正規に付託された外交文書を勝手に改竄《かいざん》（書き替え）する例、あるいは使者が無断で他人にすり替わってしまう例（いわゆる「なりすまし」）など、実に多種多様な〝不正使節〟が存在した。架空名義による真っ赤なニセモノの使節だけが偽使だとは限らなかったのである。

朝鮮側史料でも、こうした怪しげな使節の呼び名は一定していない。「偽使」（『朝鮮成宗実録』二十四年十月丙子条）や「詐使」（『朝鮮成宗実録』九年十月癸卯条）といった例が見出せる。さまざまな種類や性格の偽使が存在したことに、朝鮮王朝側も気づいていたのではないか。

ともあれ、偽使の存在を前提に日朝関係史を考えていく方が、豊かな実りが得られるに違いない。そうした考え方や構えを、私は「偽使問題」と呼んでいる。そして、そこに含意される論点には、以下のようなものがある。

・いったい誰がどのようにして朝鮮通交を成し遂げたのか？
・朝鮮側は偽使の存在に気づいていたのか？
・気づいていた場合でも朝鮮側はなぜ偽使たちを受け入れたのか？

こうしたさまざまな問題を考えておかないと、ただ単に、〝ニセモノの使節がたくさん朝鮮に渡っていました〟で話が終わってしまいかねない。偽使たちが大量かつ体系的に創出されていたのだとすれば、それがどうして可能となったのか、どうしてそのような事態が起こりえたのか、歴史的な原因や背景を突き止めるべきであろう。しかも、それが局所的・一時的な動向でなく、構造的・継続的なものだとすれば、その全体像をつかむ必要がやはりあるのではなかろうか。逆に言えば、日朝関係史のなかで偽使問題を研究することは、まさしく当時の国際関係の構造や特質を把握することに通ずる。これこそ、偽使問題研究の最大の意義といってもよいであろう。

ただし、世の常として、偽物か本物か、黒か白かがはっきりしないグレイゾーンが必ず存在する。このグレイゾーンはあって当然であるし、やや不謹慎かもしれないが、そうした部分を楽しむということも、実は偽使問題研究の重要な醍醐味の一つといえよう。なぜなら、〝はっきりしない〟ということにはそれなりの理由があるのであり、そこにこそ、この時代の日朝関係の構造的特質が潜んでいるからである。こうした微妙なポイントについては、本文のなかでじっくりと考えていくことにしたい。

中世日朝関係史のおさらい　そもそも一般の読者にとっては、室町時代の日朝関係史自体が馴染みの薄い世界であろう。高校日本史教科書などでも、正味一ページ分くらいしか割り当てられていない。おそらく、高等学校や大学初年次教育などで、次のような〝基本事項〟を皆さんは勉強してきたのではなかろうか。本論に飛び込む準備運動を兼ねて、ここで少しばかり、おさらいをしておこう。

①　一三五〇年以降、対馬・壱岐・松浦半島（あるいは博多）を拠点とする前期倭寇が朝鮮半島南部を襲った（高麗王朝の動揺・瓦解、武将李成桂《りせいけい》による朝鮮王朝の成立へ）。

②　一四一九年、倭寇《わこう》の根拠地である対馬を、朝鮮王朝軍が急襲した（応永《おうえい》の外寇《がいこう》〈日本側〉、己亥東征〈朝鮮側〉）。

③　一四四三年、島主歳遣船《さいけんせん》（年間の貿易船数）を五十隻にすることが朝鮮と対馬との間で約定《やくじょう》された（癸亥約条）。　※嘉吉条約《かきつ》という言い方はあまりに近代的なので避けるべきだろう。

④　一五一〇年、三浦《さんぽ》居民らが暴動を起こし（三浦の乱）、その結果、日朝関係が下火になった（壬申約条にて通交権益削減）。

こうした諸事項をざっと眺めるだけでも、十五～十六世紀の日朝関係史が種々の軋轢《あつれき》を抱えるものであったことが了解されるだろう。そして、いずれにおいても、対馬島人が関係していることは明白である。日朝関係史における対馬の重みは、いくら強調してもしすぎることはない。その証拠に、朝鮮側史料に「倭人」と記述される者のもっとも多くが、ほぼ間違いなく対馬島人であった。

構造史としての日朝関係

ただし、右に掲げた歴史基本事項は、あくまでも〝事件〟である。事件は何らかの秩序や体制を攪乱するものと言ってよいが、その裏には、それを生み出した背景――いうなれば構造的な矛盾――がある。表面的にはあるていど秩序立って見える通交関係の舞台裏に、いったいどのようなストレスが潜んでいたのか。こうした点を押さえてこそ、日朝関係史の本質に迫れるのではなかろうか。本書が〝事件史〟ではなく、〝構造史〟としての日朝関係をめざすのも、こうした問題意識にもとづいている。

そして、従来の日朝関係史の叙述においては、実態以上に、平和とか友好といった評価が優先しているように思われる。おそらく、現在、日本と韓国との間で歴史認識問題が懸案となっていることがその背景にはあるだろう。

しかしながら、歴史の実態を虚心に見つめれば、中世の日朝関係においては、朝鮮側の恐怖心を逆手にとった倭人たちの詐欺行為があちこちに満ちあふれていた。こうした事実は、日・韓の別を問わず、やはり国際的に周知されるべきであろう。基礎的な史実を共有することなしに、真の国際理解は生まれないし、平和や友好への一歩をきちんと踏み出すこともできないと思われるからである。

辺境史のための偽使研究

中世日朝関係において偽使問題を研究することの意義を、もう一つ述べておきたい。日本列島の歴史を考えるうえで偽使研究がもっているポテンシャルの大きさ、と言い換えてもよい。

それは、偽使問題を分析していくことにより、普通なら史料に残りにくい〝辺境〟の人びと、つまり国境海域の倭人たちの動きを知る手がかりが得られるという点だ。これは、対外関係史研究の本来的役割の一つと言ってもよいだろうが、とりわけ偽使問題研究にはその特長がよくあらわれている。

そもそも、対馬や壱岐、松浦地方、博多などに根拠をもち、朝鮮南岸の三浦などを闊歩《かっぽ》する倭人たちは、日本側の史料よりも、むしろ朝鮮側の史料に多く登場する（村井章介『中世倭人伝』）。村井氏によれば、朝鮮側史料に見える「倭人」の多くは、国境や国籍を軽々と超越する境界人《マージナルマン》である。彼らのなりわいは交通や交易そのものであった。〝辺境〟というと聞こえは悪いが、見方を変えれば、複数の世界をまたぐ中心的存在とさえ見なすことができる。

本書で扱う室町期の偽使も、十中八九、朝鮮側史料にあらわれる存在であり、その大半は北部九州地域の倭人たちの活動の一環と見てよい。たとえば、ある幕府有力者名義の朝鮮への使節が、対馬あたりの人間による偽使（この場合は一《いち》からの完全なる偽造使節）であった場合、その使節の言動は、当然のことながらその幕閣《ばっかく》本人とは何ら関係をもっていない。むしろ、偽使として朝鮮に渡った対馬周辺の人間の動向として捉えるべきである。つまり、「偽使問題」というスコープを借りることによって、ごく微《かす》かとはいえ、〝辺境〟の対馬・博多などの倭人の動向がたどれるようになるのである。逆にいえば、偽使か真使かの議論をまじめにやっておかないと、その遣使通交に関する情報が、いったいどこの誰に関するものなのか、読み誤ってしまう虞《おそれ》すらあるのだ。

こうした点が明確に意識されるようになったのは、それほど昔のことではない。従来は、偽使問題が真剣に取り沙汰されること自体、少なかったからである。とりわけ、本書が正面から扱おうとしている室町時代の十五世紀後半期は、その傾向が強かったと思う。この時期、日朝間の通交関係は非常に密であったとよく言われるが、その内実・実態や通交の〝質〟について正面から問われることはほとんどなかったのである。実態をふまえない日朝関係史には、そろそろお別れしなければならない。

こうした問題意識のもと、本書では大きく四つの章に分けて、室町時代の日朝関係史の舞台裏を覗いていきたいと思う。

本書の構成

最初の「偽使の登場」では、十五世紀の中葉に突如として大量に朝鮮に通交しだした「王城大臣使」(幕府首脳陣の名義をかたる使節)の「第一波」について紹介する。それらの使節がほとんど対馬宗氏や博多商人らによって仕立てられた偽使(偽造使節つまりニセモノ)であったこと、なおかつそれは朝鮮王朝側の通交規制強化に対するカウンターであったことを見ていきたい。日朝関係における偽使の登場は、実は十五世紀前半にまでさかのぼり、そこには偽の「日本国王使」(室町殿名義の遣朝鮮使船)すら含まれていたことも指摘する。

それでは、なぜ、こうした偽の「日本国王使」や幕閣名義の偽使などが発生しえたのか。この〈謎〉を解くために、室町幕府の朝鮮外交システムの詳細に迫るのが、次の「室町幕府の朝鮮外交」である。そこでは、遣朝鮮国書がどのように作られ、使者に交付されたのか、そもそも使者はどうやって選ばれたのか、どうやって使船は経営されていたのか——といった基本的問題について検討を加える。

つづく「文化交流と偽使問題」では、そうした幕府の朝鮮外交システムの特徴を踏まえたうえで、朝鮮に対する蔑視観の存在にもかかわらず、幕府や五山、その他の諸勢力が朝鮮からの請来《しょうらい》文物を尊重していた事実に注目したい。蔑視とあこがれとはなぜ同居しえたのか。朝鮮半島請来の大蔵経の位置づけ(価格・評価)や、絵画・彫刻・金工などの領域における日朝間の文化交流の諸相から、この問題にアプローチしてみよう。そのなかで、偽使の通交が意外にも日朝文化交流にずいぶんと貢献（?）していたことも明らかになるはずである。

最後の「日朝牙符《がふ》制のくびき」では、対馬や博多の偽使派遣勢力と、偽使通交に歯止めをかけようとする日朝両国家権力の動向にメスを入れる。一四六七年、応仁《おうにん》・文明《ぶんめい》の乱が開始されるとさらに大量の偽使が発生したこと、その中核的要素として王城大臣使の「第二波」や偽日本国王使が存在していたこと、そしてこの偽使通交が室町幕府に露見してしまったことを確認したい。そして、足利義政《あしかがよしまさ》の提案により、日朝間でも日明勘合《かんごう》制に類する「日朝牙符制」が生まれた。その後にくりひろげられる、日朝牙符制の無効化を画策する対馬・博多の偽使派遣勢力と、そうはさせまいとする日朝の両国家権力とのせめぎあいも、もう一つの注目点である。

掉尾の「エピローグ」では、偽使や符験《ふけん》（勘合・査証《ヴイザ》）という視点から、「偽使問題」が比較史・世界史へと拡大しうるテーマであることを提言してみたい。

なお、本書では、一般読者向けの書物であるという性格上、細かな実証過程はなるべく省き、典型的なエピソードを中心にストーリーを語ることとした。とはいえ、とくに興味深い史料は、積極的に掲出していきたい。また、漢文史料の読み下しだけではやや取りつきにくいかもしれないので、かなり思い切った（くだけた?）意訳も適宜載せてみることにした。

本書を通じての中心的な分析素材は、朝鮮側では『朝鮮王朝実録』（歴代王の実録）や朝鮮前期を代表する宰相申叔舟《しんしゆくしゆう》の撰になる『海東諸国紀《かいとうしよこくき》』（一四七一年成立）、日本側では京都五山僧瑞渓周鳳《ずいけいしゆうほう》がまとめた『善隣国宝記《ぜんりんこくほうき》』（一四七〇年成立）や『蔭涼軒日録《いんりようけんにちろく》』（相国寺《しようこくじ》鹿苑院蔭涼軒主の日記）などである。

いずれも、活字の刊本があるので、興味がわいた方は、ぜひ自分でもひもといてみてほしい。そのほか、個々の論点については、巻末の参考・引用文献を参考にしていただきたい。

それでは、長い前置きはこれくらいにして、室町時代の日朝関係の舞台裏をさっそく探訪してみたい。読者の皆さんは、本書の随所で、厚顔無恥かつ傍若無人な、実にたくましい倭人たちと出会うことになるだろう。

偽使の登場

王城大臣使の「第一波」

それは一四五五年に始まった

一四五五年、室町幕府の要職に就いていた人間の名義を騙る使節が、突如として朝鮮王朝に押し寄せてきた。同年の「管提《かんてい》」畠山義忠を皮切りに、一四五七年には「総管府《そうかんふ》」源（細川？）勝元《かつもと》、一四五八年京極持清《きょうごくもちきよ》、一四五九年山名《やまな》教豊《のりとよ》、一四六〇年畠山義就《はたけやまよしなり》・左武衛《さぶえい》（斯波《しば》）源義敏《よしとし》、……といった具合である。

もちろん、これ以前にも、幕閣《ばっかく》クラスの遣使が朝鮮に通交した事例はある。しかしながら、その「通交」とは、唯一の例外を除き、直接・独立の使節派遣ではなかったのである。

たとえば、幕閣クラスの通交の初例は、一四〇九年の斯波義将《よしゆき》の使者であった。通交名は「管領源道将」。当時の義将は入道して道将と名乗っていたから、不自然なところはない。しかし、この使節は足《あし》利《かが》義満《よしみつ》の訃を伝えることを目的としていたから（『善隣国宝記《ぜんりんこくほうき》』巻中）、国王の代理通交、あるいは国王代理の使節と見られる。要するに、斯波氏の独立した対朝鮮通交ではなかった。

次いで、一四四〇年には管領《かんれい》細川持之《もちゆき》、四四年には同畠山持国《もちくに》および斯波義健《よしたけ》が外交文書を朝鮮に送っている。だが、前者は帰国する通信使《つうしんし》に、後者は渡海する日本国王使（室町殿名義の外交使節）に託されたものだった。したがって、これも単独の直接的通交とは認めがたい（『朝鮮世宗実録』二十二年五月丙寅・同二十六年正月庚申各条）。

要するに、いずれも「間接的な通交」と評価すべきもので、直接通交とは見なしがたいのである。そして、この十五世紀前半段階の「間接的な通交」は、一四四四年をもって途切れてしまう。通交が復活するのは、冒頭に述べた「王城大臣使の『第一波』」が始まる、一四五五年のことであった。このあいだに横たわる約十年の空白も、一つの〈謎〉である。

ところで、十五世紀初期の「間接的な通交」が続くなかで、前述の通り、唯一の例外的な「直接通交」の事例が存在した。それが、一四三一年の管領斯波義淳《よしあつ》の使行である。この使節は、「日本国王」の代理通交でもなく、確かに単独で朝鮮を訪れていた（『朝鮮世宗実録』十三年五月癸未条ほか）。なぜこの時期に斯波氏が朝鮮通交を決意したのか。厳密にはその事情をつまびらかにできないのだが、その背後に、朝鮮貿易に熱心な博多商人の動きがあったことはおそらく間違いない。

前年（一四三〇年）、日本国王使として朝鮮に渡った博多商人の宗金《そうきん》が帰国する際、通信使を手厚くもてなしてくれたことへの感謝の意をこめて、朝鮮側は宗金に託して斯波氏に贈り物をしていた（『朝鮮世宗実録』十二年二月庚寅条）。おそらく、朝鮮からの志に対する返礼という意味合いで、この一四三一年斯波氏使節は派遣されたものであろう。

こうした事情にかんがみると、斯波氏自身に端《はな》から朝鮮通交への積極的姿勢があった、と見ることはいささか難しい。むしろ、博多商人宗金の強い慫慂《しょうよう》や勧誘があって、斯波氏は朝鮮通交に乗り出したと見るべきであろう。博多商人たちにしてみれば、管領クラスの通交貿易を請け負うことは、大きなビジネスチャンスでもあった。

朝鮮王朝では、単独通交してきた左武衛殿《さぶえい》（斯波義淳）使節をどのようにして接遇するのか、その対応をめぐって議論がおこった。幕府要路の人間の使者であるから、疎略にあつかうことは許されない。そうだとすればどの程度の厚遇を施せばよいのか？――当然この種の論議がわきあがった。

朝議の結果、朝鮮政府は、もっとも朝鮮王朝に親しい存在である「巨酋《きよしゆう》」大内殿の使送に対する接待例を適用することにした。そして、左武衛殿の使者には、朝鮮国王の引見も許された（『朝鮮世宗実録』十三年五月癸未条）。こうした厚礼な対応に落ち着いた理由としては、何よりも、幕閣のなかで左武衛殿（斯波氏）がトップであるという印象が、朝鮮王朝のなかで強かったことが挙げられよう。つまり、「国王代理」や幕府ナンバー2の管領職というイメージが濃く、通信使などの朝鮮使節を厚遇した功績があるからこそ、左武衛殿使送を優遇すべきとの結論に落ち着いたものと見られる。

なお、すぐあとに示すような、後続の幕閣クラス名義の使者たち（次ページ以降のリストアップを参照）も、斯波氏（左武衛殿）使送と同様の接待待遇を認められた。要するに、今回の左武衛殿使送が、このちの幕閣クラス名義使節を待遇する際のスタンダードになったわけである。そういう意味では、この一四三一年左武衛殿使送は、結果的にせよ、日朝関係史上非常に重要な意味をもつものであったと言えよう。

先にもふれた通り、室町幕府の幕閣たちから自発的・積極的に朝鮮に使節が送られることなど、長らく存在しなかった。そうなると、この章の冒頭でふれた一四五五年以降の使行群が、実に不自然に、奇妙なものに思えてくるだろう。果たして、いかなる事情によって、この年以降、幕閣たちは朝鮮に使節を送り込むようになったのだろうか?

応仁・文明の乱以前の〝幕閣たちの〟朝鮮通交

いや、そもそもこれらの使節群がホンモノだという保証はない。ニセモノの可能性だってあるだろう。だとすれば、その派遣勢力や使行主体はいかなる人間たちだったのだろうか?　――こうした〈謎〉が、次々と浮上してくる。

そこで、参考までに、一般に国内政治史の節目とされる応仁《おうにん》・文明《ぶんめい》の乱以前の通交事例を箇条書きでリストアップしてみよう。幕閣たちの名義や通交年などは、基本的に、『朝鮮王朝実録』の記載そのままである。そして、リスト中の＊印の注記は、それぞれの通交を考えるうえでとくに留意すべき点と思われるので、注意して見てほしい。

一四五五年　管提畠山修理大夫源義忠　＊現実の管領は細川勝元
一四五七年　日本国総管府源勝元　＊『海東諸国紀』を見る限りこれは細川勝元と見なせず
一四五七年　管提（畠山義忠?）　＊現実の管領は細川勝元
一四五八年　京兆尹江岐雲三州刺史住京極佐佐木氏兼大膳大夫源持清
一四五八年　畠山殿（義忠?）　＊管提ないし管領の表記なし。現実の管領は細川勝元
一四五九年　但幡伯作因備前後芸石九州総太守山名霜台源教豊　＊法名は宗全（現実には持豊が宗全）

一四六〇年　雍河紀越能五州総太守畠山右金吾督源朝臣義就　＊上表文を提出
一四六〇年　畠山殿源義忠
一四六〇年　左武衛源義敏
一四六二年　京極殿（京極生観〈持清法名〉？）
一四六三年　左武衛義廉
一四六三年　光禄卿源生観（京極殿）｝＊日本国王使（俊超・梵高）・九州都元帥源教直と同行
一四六五年　都管提畠山源義就　＊現実の管領は畠山政長
一四六七年　京城渋河源朝臣義尭（右武衛《うぶえい》殿）
一四六七年　京極京兆尹江岐雲三州刺史住京極佐佐木氏兼大膳大夫源生道　＊漂流人二名送還

一覧して分かるように、通交名義は「〇〇殿」としてあらわれる例が多い。対馬宗氏が発行した文引上に書かれていた表記によったか、朝鮮に渡った使者たちの発言内容に取材して、朝鮮政府がこのように記録したものであろう。朝鮮側の発想で、日本人の姓に「殿」という敬称をつけるのは常識的にも考えがたいからである。

一方、守護を「刺史《しし》」、弾正少弼《だんじょうしょうひつ》（弾正台）を「霜台《そうたい》」、右衛門を「右金吾《うきんご》」などのように、唐名《からな》をもって記すのは、朝鮮向けに記した外交文書上の記載がそのまま転用されたためと見られる。これも、漢字・漢文文化圏であれば、当然のこととといえよう。

そうしたなかで、一見して重要な役職と見られる「管提」や「総管府」が何を指すのかは、実のところはっきりしない。伝統的な唐名ではないため、いったいこれらが何を指すのか、一義的には決めがたいからである。
「管提」も「総管府」も、一見、ともに幕府管領のことかとも思われるが、書き分けられているのだから何か違いがあるはずである。この当時の現実の幕府管領は細川勝元であったから、一四五七年源勝元の「総管府」こそが管領を指す、とまずは考えられよう。一方、一四六五年の畠山源義就の「都管提」なる肩書きを見れば、「管提」とは、山城国守護（侍所所司《さむらいどころのしょし》）くらいに捉えるのが妥当か、とも思われる。

ところが、ことはそれほど単純ではない。朝鮮側のもう一つの基本史料、申叔舟《しんしゅくしゅう》が一四七一年に著した『海東諸国紀』によれば、細川勝元は朝鮮に通交したことがない、とされているからである。つまり、「総管府」は管領を意味しないばかりか、源勝元も細川勝元本人ではなかったことになる。そして、同書の畠山殿について説明したくだりには、「世々、左武衛・細川と、かわるがわる『管提即ち管領』となる」と書かれている。「管提」とは、どうやら幕府管領職を指す唐名風の肩書だったらしいのである（『朝鮮成宗実録』十年〈一四七九〉二月丙申条も参照）。

それでは、なぜ「管領」の肩書をそのまま記載しなかったのだろうか。十五世紀前半段階には、「管領」という肩書きで実際に朝鮮政府とコンタクトを取る人間がいたにもかかわらず、である。たとえば、先にふれた一四〇九年の斯波義将や一四四〇年の細川持之、一四四四年の畠山持国などは、実際に「管領」という肩書を用いて朝鮮に外交文書を出している。この十五世紀中葉において、「管提」や「総管府」といった曖昧な肩書が、なぜ突如として出現したのだろうか。そして繰りかえしになるが、これと同時に、室町幕府の要路の名義による通交使節が朝鮮にあらわれ始めるのである。まったく不可解というほかない。

王城大臣使

朝鮮に渡った室町殿将軍家の名義の使節は、「日本国源某」（「某」の部分に義持や義政などの実名が入る）と名乗っていた。しかしながら、肩書も含めて、自称名義がどのようなものであっても、朝鮮王朝側はこれらを「日本国王使」あるいは「日本国使臣」と呼んだ。これは、室町殿が朝鮮国王と外交儀礼上対等な関係にあると考えられていたために、ことさらに選ばれた用語だったようである。こうした対等な関係のことを、当時の朝鮮王朝の言葉で、「敵礼《てきれい》」という。中国明朝の皇帝を中心・頂点とする、伝統的な東アジア国際秩序においては、皇帝が任命する周辺各国の王は、理念上、互いに対等とされたわけである。

一方、大内氏や少弐《しように》氏など、朝鮮にとって身近で、なおかつ九州北部に影響力をもつ（とされた）有力守護大名たちは、当時の朝鮮では「巨酋」などと呼ばれていた（『海東諸国紀』『朝鮮王朝実録』）。そしてそれに準ずる守護大名クラスの肥後菊池氏や豊前大友氏などは、一段低いランクの「諸酋《しよしゆう》」と呼ばれたのである。

もっとも、「巨酋」か「諸酋」かの区別は、朝鮮側の認識によるので、日本国内での政治力の大きさとは必ずしも対応しない。ただいずれにせよ、「巨酋」も「諸酋」も、倭人＝野蛮人の棟梁《とうりよう》として、実にふさわしい呼び名である。朝鮮王朝側は、おそらく、倭寇《わこう》たちに睨みを利かせられる存在として、これら九州地域の有力守護たちのことを評価していたのであろう。

ひるがえって、室町幕府の要路の人間の使節は、何と呼ばれていたのであろうか。残念ながら、これに関する明確な定義は、『海東諸国紀』などにも見られない。だが、のちの一四七〇年ごろにこのクラスの使節が大挙して朝鮮に訪れたとき、「王城大臣之使」（『朝鮮成宗実録』二年四月癸亥条）という呼び方が見えていることに、本書では注目したい。

ほかにも、朝鮮側史料では、幕府要路の人間たちのことを「京都傍近巨酋」（『朝鮮成宗実録』五年〈一四七四〉十二月甲申条）とか、「畿内巨酋」（『朝鮮明宗実録』八年〈一五五三〉十一月辛未条）と呼んだ例が見られる。どれも魅力的な呼称で、どれを選ぶか迷うところだが、本書では、最初に挙げた「王城大臣」という呼び名を採用することにしたい。なぜなら、室町殿将軍家＝日本国王の次位に対する呼称として、「大臣」は、もっともふさわしい呼び名だと思われるからである。本書では、以下、この「王城大臣」という語に代表させて、幕閣クラスの使節を「王城大臣使」と呼ぶことにしたい。

さて、唯一の直接通交の事例とみなした一四三一年左武衛殿使送（しかし派遣の動機は名義人本人にはなかったと考える）の後には、本書でいうところの、初期の「間接的な通交」が三例ほど続く。そして、それから約十年間の空白を置いて、一四五五年になると、本章冒頭に掲げたような「王城大臣使」の波が突如としてあらわれるのである。こうした通交の沿革を振り返ると、そもそも幕閣クラスが〝主体的に〟〝大量に〟朝鮮王朝に遣使通交してくることが、いかに奇妙な現象であったかということが分かるだろう。もちろん、読者の皆さんもすでに薄々感づいておられることと思うが、彼らは実のところ、軒並みニセモノなのであった。

王城大臣使の「第一波」と「第二波」

本書では、以上のような一四五五年以降の幕府要路の名義の使節を、「王城大臣使の『第一波』」と呼ぶことにしたい。「第一波」というからには、つづく「第二波」も存在する。あらかじめ、これについても簡単に説明しておくこととしよう。

王城大臣使の通交沿革を通してみると、いくつかの画期が見いだせることに気づく。第一に、一四五五年である。前述してきた通り、この年以降、王城大臣使の直接的・積極的な通交が本格的に開始する。本書にいう「第一波」のことだ。そして、このころ現れる王城大臣使の名義人には、諱《いみな》（実名）や出家後の法名など、実在する幕府要路の大名《たいめい》や守護と一致する人間を比較的容易に探し当てられる。この点は重要な特徴といえよう。

ところが、一四七〇年を境に、その対比ができなくなってしまう。実在する幕府要人と一致しない名義人が、朝鮮にあらわれるようになるからだ。これを第二の画期と見なしたい。もっとも、一四七〇年以降も「第一波」の通交名義は継続して登場するので、より正確に言えば、一四七〇年以降に初めて登場する通交名義では、現実に存在する人間の名義との一致が見られなくなる、ということである。本書では、この点をとくに重視し、一四七〇年以降登場する通交使節の一群を、「第二波」と呼ぶことにしたい。つまり、一四七〇年を境に、「第一波」から「第二波」へ、通交名義の質的転換が起こったのである。そして、右の説明からも容易に想像される通り、この王城大臣使の「第二波」は、架空の名義によって構成された偽使群にほかならなかった。

もう少し、具体例を挙げて詳しく説明しておくこととしよう。

一四五五年からの「第一波」には、畠山義就・山名教豊・山名宗全《そうぜん》（出家前は持豊）・京極持清（出家して法名生観）などの通交名義が登場する。彼らは、国内史料でも同一名を確認しうる名義人である。それゆえ、彼ら自身が本当に朝鮮王朝へ遣使通交したと考えることも不可能ではない。実際、これまでの研究でも、おおむね彼らはホンモノだと捉えられてきた。

その一方で、一四七〇年以後現れる畠山義勝だの伊勢政親だのという「第二波」の名義は、国内では一致する人名を確認することができない。これらに該当する実在の人物を強いて挙げるとすれば、畠山義統であり伊勢貞親ということになろう。しかしながら、いずれも、なぜ実名を変えて通交しなければならなかったのか、説明が見当たらない。すると、「第二波」の名義人たちは架空の人物であった、と見るのが自然だということになろう。

ところが、これまでの研究や地方史の編纂などでは、極力〝史料を活かす〟という方向性ゆえのことと思われるが、これら「第一波」・「第二波」の王城大臣使たちを、基本的にホンモノと見なしてきた。若干の無理や不自然さがあるのを承知で、〝枉《ま》げて〟ホンモノと断定してきたのである。

しかしながら、日朝関係史の実態に迫ることをめざす本書の立場としては、こうした安易な〈解釈〉をただちに受け容れるわけにはいかない。実証主義史学は、史料の細部にこそこだわるべきだからである。〝日本の事情をよく知らない外国の史料だから……〟などと言って、安易に流してほしくない。厳密な学問的手続きを済ませることなく、海外史料だから多少不正確に違いない、などと決めつけるような態度は、とても科学的だとはいえないだろう。ある史料の特質を丹念に検討し、それをふまえて合理的な解釈を施していく、というのがありうべき実証の作法なのではないか。そしてその先にこそ、科学としての歴史学は成立する、と信じたい。

王城大臣使「第一波」の不自然さ

一四七〇年以降に登場した王城大臣使の「第二波」については、本書の最後の章（「日朝牙符制のくびき」）で詳しく論ずるが、先にも述べた通り、その通交名義の不自然さから見て、軒並み偽使であったと考えられる。なお、王城大臣使の「第一波」は、その「第二波」とも重なりながら、最終的に十五・十六世紀の転換期まで延々と続く。「第二波」が偽使と判断されるのであれば、「第一波」も同様に偽使と見なすのが順当であろう。なぜなら、真使と偽使とがまじりあいながら朝鮮への通交を継続するという事態は、普通であれば非常に不自然だからである。

王城大臣使の「第二波」のみならず、「第一波」もすべて偽使であっただろうと私が推測するのは、彼らの語る親族関係や役職などを注意深く見ていくと、必ずと言ってよいほど不自然な点が見出せるからである。その不自然な点とは、世代のずれであったり、官職・官途・法名が実在する人物のそれと異なったり、実にさまざまだ。なかには、それらが複合的に組み合わされている場合すらある。「第二波」における通交名義ほど分かりやすいものではないにせよ、「第一波」においても、実は巧妙なしかけが施されていたと考えざるをえない。

具体例を二、三、示しておこう。まず、一四五五年に初めて使節が登場する「管提」畠山義忠である。畠山義忠は、字面だけ見れば、確かに実在する人物であり、能登守護家畠山氏の嫡流に位置する。しかし、能登守護家は畠山氏の一族ではあるが、管領になれるような家柄ではない。「管提」という肩書を名乗るのは、いかにも〝箔付け〟という印象が否めないのである。

また、この畠山義忠という名義には、ほかにも不自然な点が存在する。実在の畠山義忠は、遅くとも一四四三年までに、出家入道して法名「賢良」を名乗っていた（『看聞日記《かんもんにっき》』嘉吉三年五月十八日条・『尭《ぎょう》孝法印日記《こうほういんにっき》』文安三年正月二十日条など）。つまり、「沙弥《しゃみ》」（出家しているが在職ということ）と名乗るならまだしも、この一四五五年の段階で、かつての実名を名乗って朝鮮に遣使通交することなど、普通であれば考えられない。要するに、畠山義忠という名乗りをしている時点で、この畠山義忠がニセモノであることはもはや確定的なのである。

次に、一四六〇年に初めて通交した畠山義就なる人物について見てみたい。義就は、一四六五年通交時には、「管提」の肩書を名乗っている。しかしながら、仮にこの「管提」が管領のことだとすると、当時の現実の幕府管領は、庶子出身の義就のライヴァルで本宗家の嫡流、畠山政長であった。ただし、この程度の違いだけなら、政長ではなく自分こそが管領適任者であると朝鮮王朝向けにアピールしていた、と考えることもできよう。

しかしながら、一貫して見られる彼のもう一つの肩書「日本国雍河紀越能五州総太守」の方は、明らかに詐称（僭称）であった。このころの能登守護は、畠山義統が任じていたからである。ちなみに、この義統は先に見た義忠の孫である。また、念のために付け加えておけば、一四六〇年当時の山城（雍）守護や河内守護、紀伊守護、越中守護は、彼のライヴァルである畠山政長こそが任じていた。つまり、事実とは懸け離れた肩書を、朝鮮側史料にあらわれる「畠山義就」は名乗っていたのである。

紙幅の都合から、これ以上はいちいち取り上げないが、このような不自然な点が、王城大臣使の「第一波」に看取されることは重要であろう（詳しくは拙著『中世日本の国際関係』第一章参照）。この点を、個別事例としてではなく、総体としてどのように包括的・合理的に捉えるかが、偽使問題を解く重要な鍵になってくる。これこそが、本書の〈謎解き〉の出発点である。

第三者関与の可能性

もちろん、上述の畠山義就の肩書「管提」のように、通交の名義や肩書にあらわれた、現実世界との食い違いを、名義人本人が意図的に僭称《せんしょう》したため、と解釈する余地も皆無ではない。だが、名義人本人がそのように名義・肩書をわざと変化させたのだとしたら、それによってどれほどのメリットが生じたのだろうか。

たとえば、先に話題として挙げた畠山義就について見てみよう。現実の義就は、官途が右衛門佐《すけ》（朝廷の官職に由来する官位）であったが、朝鮮に通交した使節の名義では、官途（肩書？）が「右金吾督《かみ》」（日本式には右衛門督）になっている。カミ・スケ・ジョウ・サカンの四等官制を参照すれば分かる通り、確かにワンランク引き上げられていたわけである。しかし、これも姑息というか、実にせこいやり方とは言えまいか。

ちなみに、室町人たちは知る由もなかったと思われるが、肩書・役職のランクづけ（官位の体系）は、日朝間で異なっており、朝鮮王朝の法典・政治制度集『経国大典《けいこくたいてん》』を見る限り、四等官制は朝鮮王朝では一般的でなかった。したがって、この程度のランクアップが、朝鮮王朝側にどの程度アピール力をもっていたかは、はなはだ怪しいと言わざるをえない。

さらに、当時の日本社会における官途は、個人の人格を示す指標であることはもちろん、同時に家柄・門地を示すことも多かった。特定の官途や名乗りが、ある家に固定化することも少なくなかったのである（木下聡『中世武家官位の研究』）。つまり、官途とは、そう簡単には変えられないもの、あるいは変えたくないものであった。官途はただの肩書などではなく、朝廷・幕府周辺でその個人が位置づけられるために不可欠な、重要なＩＤの役割を果たしていたのである。

図２　対馬宗氏旧蔵の図書（銅印）と偽造木印
（九州国立博物館所蔵・提供）

そうだとすると、朝鮮王朝へ遣使・通交するという理由だけで、自らの官途を故意に変更したり〝嵩上げ〟したりするであろうか。万が一、通信使など、朝鮮側の使節や人間が京都まで到達した場合、真実の官途が露見すれば、朝鮮側に赤恥をさらすことにもなりかねない。そのような愚行を、果たしてホンモノの幕閣たちが行なうだろうか。

以上の理由から、現実の幕閣諸勢力が朝鮮王朝に通交する際、自分の官途をわざと吊り上げるようなことはやはり考えがたい。通交名義と現実世界とのギャップは、名義人本人による操作の結果だとは見なせないのである。おそらくは、実在の幕閣たちのあずかり知らぬところで、何者かが、名義や肩書をわざと書き換え、あるいは偽作し、少しでも通交貿易条件が有利になるように工夫して通交していたのではないか。すなわち、王城大臣使の朝鮮への通交過程のいずれかにおいて、その名義人（ないしそのモデルとなった実在者）とは無関係の第三者が、一般的に介在していたと見るべきなのである。

そして、その第三者が誰かといえば、対馬宗氏が最有力候補となることもまた容易に推察されよう。日韓のはざまに位置するという地理的な条件や、十六世紀に実際に偽書を作成していた「図書」（銅印）・偽造木印の現物（図2参照）が遺存していることなど（田代和生・米谷均「宗家旧蔵『図書』と木印」）、状況証拠はそろっている。

文献上、その〝尻尾〟をつかむのはなかなか難しいが、たとえば一四六七年にあらわれた「京城渋河源朝臣義尭」（右武衛殿）の使僧道誾《どうぎん》（『朝鮮世祖実録』十二年正月己巳条）は、馬脚をあらわした好個の例である。彼は、一四四六・四九年と二度にわたって、対馬島主宗貞盛の遣朝鮮使となっていた（『朝鮮世宗実録』二十八年十二月己未・三十一年八月丙寅条）。したがって、この道誾は、対馬に拠点をもつ僧侶であったと見るべきだろう。そして、先の渋川義尭名義の通交を、在京している渋川氏が対馬宗氏に使節派遣を委託したもの、と考えられぬこともないが、道誾は渋川氏の係累を朝鮮側から尋ねられると、しどろもどろであったという（『海東諸国紀』）。間違いなく、渋川氏との縁はきわめて薄いものであった。したがって、この渋川義尭使節も、対馬宗氏などが勝手に作り出した偽使、と見なせよう。

このように、ある「王城大臣使」――とくにその「第一波」――が偽使であることを暴き、なおかつその主犯を突き止めるのはきわめて難しい。隔靴搔痒《かっかそうよう》の感がぬぐえないが、しかし、当時の日朝通交全体に目を転じると、対馬において偽使創出の機が熟していたことに気づく。というのも、十五世紀中葉になると、中世日朝関係史の制度的枠組みが大きく転換し、対馬宗氏は通交権を大幅に制限され、領国経営の危機に陥りつつあったからである。

そこで、次の「中世日朝関係の制度的枠組み」では、日朝関係の制度史的問題について、やや詳しく見てみることとしたい。この点をつぶさに見ておくことで、対馬宗氏がなぜニセモノを作り出すに至ったのか、理解しやすくなると考えるからである。当然、その先には、先程来宿題としてきた〈謎〉――

なぜ「一四五五年」という時期に、それ以前の約十年の空白を破って、ニセの王城大臣使（「第一波」）が登場するに至ったのか――への解答も見つかるだろう。

中世日朝関係の制度的枠組み

文引の制度

ここで、時間を朝鮮王朝初期にまでさかのぼらせたい。一三九二年、李成桂《りせいけい》（太祖）が朝鮮王朝を建国してから、九州探題《きゅうしゅうたんだい》今川了俊《いまがわりょうしゅん》（一三九四年）や大内義弘《おおうちよしひろ》（一三九五年）、室町公方《くぼう》足利義満《あしかがよしみつ》（一四〇二年）が朝鮮に遣使している。もちろん、朝鮮半島との交易活動が生命線である対馬宗氏《つしまそうし》もその例に漏れず、一三九九年には島主宗貞茂が朝鮮に通交し、それ以降、積極的に朝鮮との関係を構築していった。これに対する朝鮮側の要求は、もちろん当時の東アジア海域の大問題、〝倭寇《わこう》の禁遏《きんあつ》〟であった。倭寇については説明しておくべきことが山ほどあるのだが、ここは先を急ぐこととしよう（気になる方は、さしあたり、橋本雄・米谷均「倭寇論のゆくえ」、村井章介「倭寇とはだれか」を参照されたい）。

日朝間の通交制度が調えられていくのは、主に一四一〇～二〇年代である。その経緯の概略を、以下、年表風に示しておく。いずれも朝鮮からの規制であり、幕府のそれではなかったことに留意されたい。

一四一四年　日本国王（室町殿〈幕府首長〉）・対馬島・大内殿・少弐《しょうに》殿・九州節度使《きゅうしゅうせつどし》（九州探

題）など一〇処の倭使以外の通交を禁止する。

一四一九年　朝鮮、対馬に来襲する（応永《おうえい》の外寇《がいこう》、己亥東征《きがいとうせい》）。九州の諸氏は九州節度使の書契（書簡型国際文書）なしに通交することを許さず（「九州探題書契制」）。

一四二〇年　朝鮮側の提案により、対馬島内の通交者は宗氏の書契を携行することを義務づけられる（「島主書契制」、ただし例外あり）。

一四二六年　朝鮮南岸の倭人居留地として、三浦《さんぽ》（富山浦・乃而浦《ないじほ》〈薺浦《せいほ》〉・塩浦《えんぽ》）が設定される（富山浦と薺浦はこれを遡る）。対馬島主宗貞盛、朝鮮側に対し、使送船（通交使節船）と興利船（商業活動船）の朝鮮渡航に文引（通行証＝ヴィザに相当）携行を義務づけるよう依頼（↓遅くとも一四三三年までに「島主文引制」として成立。三八年に朝鮮・対馬双方で定約し、同制度確立）。

一四二九年　早田六郎二郎、朝鮮王朝に請うて図書（銅印）を支給される（「受図書人の制」始まる）。

全体的に見れば、九州探題は書契という書簡型文書を、対馬宗氏は書契ないし文引（路引とも）という渡航証明書を、それぞれ通交者に発給し、それを朝鮮側が査証する、というシステムを志向していたことが分かる。言ってみれば、これらの書類は、日明勘合貿易《かんごうぼうえき》における勘合とよく似た機能を有していたといえよう。こうした書類による査証制度を、本書では「広義の符験制《ふけんせい》」と呼ぶことにしたい。

一方、本書の後段（「日朝牙符《がふ》制のくびき」）で詳しく見ていくことになるが、斯波《しば》氏や大内氏の通信符、室町殿足利氏の象牙符《ぞうげふ》（牙符）など、特定の通交者に対して個別の符験が設定されることもあった。こちらを、本書では「狭義の符験制」と呼ぶこととしよう。対馬島主や九州の諸酋（中小領主）たちが朝鮮王朝から下賜された図書（銅製印鑑）類も、それぞれの書契に捺して個別の証明手段としたわけだから、「狭義の符験制」の範疇に含まれる。

注意すべきは、当時の日朝関係における査証制度は、広義か狭義かという二者択一方式ではなく、広義も狭義もという複合方式であったという点である。つまり、朝鮮王朝から貰った銅印を捺した書契（外交文書）をもっていたとしても、それだけでは原則として正式な使節とは認められない。探題や宗氏の発給した身分証明書類（探題書契・島主文引）も併せて携行しなければならなかったのである。

そうなると、これまで論じてきた王城大臣使は、どのような扱いになるのであろうか。室町幕府の要路に位置する人間たちの遣使（という格好）だから、普通に考えれば、九州探題や対馬宗氏のチェックは要らなかったはずである。むしろ、朝鮮側の認識としては、王城大臣が遣使するためには、室町将軍（室町殿・公方）の許認可をこそ受けていなければならなかったであろう。実際、後に設定される日朝国家間の符験制、すなわち日朝牙符制のあり方を見る限り、朝鮮王朝側はそのように考えていた節が強い。

とはいえ、その牙符制が発足する以前は、朝鮮側も王城大臣使が「日本国王」（室町殿）の許可を得て渡航してきたかどうか調べる術がなかった。そのため、朝鮮側は、幕閣《ばつかく》たち（を名乗る者たち）の独自な通交を、そのまま頭から信用し、接遇せざるをえなかったのである。ただし、いつのころからか、実際には日本国王使や王城大臣使を含む日本人渡航使節すべてに対馬宗氏が文引を発給することとされており（『海東諸国紀《かいとうしょこくき》』―後述）、朝鮮側は、対馬宗氏に一定の審査を要求していたことがうかがえる。

ところで、近代的な外交感覚からすれば驚くべきことかもしれないが、当の室町将軍家には、そもそも幕閣をふくむ諸勢力の朝鮮通交を制御しようという意図は存在しなかった。また、王城大臣使の直接遣使が高揚した原因として、室町幕府の統制力が急速に弱まったからだという意見もあるが、はなはだ疑問である。というのも、斯波や細川、畠山などの現実の幕閣たちが朝鮮通交を志向していたこと自体、自明の事実ではないからである。斯波氏のみ、例外的に独自の朝鮮通交を志向していた節もあるが、それがはっきりとしてくるのも一四六〇年代以降のことであり、いま話題としている時期の事柄ではない。このあたりの問題については、室町幕府そのものの朝鮮通交のあり方をあわせて考える必要があり、次の「室町幕府の朝鮮外交」の章で詳しく論ずることとしよう。

文引制度の功罪

たとえ王城大臣使や日本国王使であっても——そして琉球国王使であっても——、使者が民族的に日本人である限り、対馬宗氏の文引を帯同する決まりであったことについては、前記した通りである。『海東諸国紀』「朝聘応接紀」の「使舡《しこう》定数」項に、「諸使は皆《み》な対馬島主文引を受けて後、乃《すなわ》ち来たる」という規定が見られる。室町将軍家の配下に過ぎぬ一守護が、主君名義の派遣使節行をチェックする、というのも不思議な気がするが、その理由は、朝鮮側との関係を重視した対馬宗氏の次の提案に、委曲尽くされている。

乃而浦《ないじほ》留居倭人等、本島(対馬島)倭人と窃《ひそ》かに通じて相約し、夜に小船に乗りて預《あらかじ》め海中小島に到り、商船至らば則ち分騎して来たりて商倭と詐称す。その数多きは、四、五十に至る。万戸、奸計に陥り、幷《なら》びに留浦及び過海粮を給す。……此れより前《さき》、倭人出来の時、但だ書契を持つのみにして名数載録の文無し。故に彼れ此れ欺罔《ぎもう》あり。実に積年無名の弊たり。両国の間、妄《みだ》りに詐偽を冒すこと、漸《ようや》く長ずべからず。今後、宗貞盛をして船隻の大・中・小、正官・各倭の名を、書契に目録して以て送り、各浦の万戸をして、その名目を考え、名を計り給粮さしむるを永《とこしな》えに恒式となさん。諸島倭人等も亦た貞盛をして上に依り名を録して以て送らん。

［意訳］　乃而浦（薺浦）の在留倭人たちが、対馬の倭人と窃かに密約をし、夜に小船に乗ってあらかじめ海中の小島で潜んでいて、使船がやってきたらそれに乗り込む、というようなことをしています。その数は多いときに四、五十人にも上ります。万戸（水軍の役人）はこの奸計に陥り、彼らにまで留浦粮（滞在費）や過海粮（海航費）を与えてしまう体たらくです。……これまで、倭人たちが朝鮮へやってくるときには、ただ書契を帯同してくるのみで、使節一行の人数が記されたような書類は存在しませんでした。そのため、つまり、朝鮮側から支給される過海粮や滞在費を目当てに、使行の人数を水増しする詐欺行為が行なわれているのです。とんでもない弊害だと言わざるをえません。朝鮮と日本の間に、そうした間違いがあってはならないはずです。したがって、今後は、わたし（使者の井太郎兵衛）の主君対馬島主宗貞盛が、使行に用いられた船隻が大中小のどのサイズに当たるのか明記し、さらに上官人（正使）以下、水手に至るまでの全メンバーを書き上げた書類（文引）を作り、使節に携行させましょう。そしてそれを元に、三浦それぞれの万戸（役人）がきちんと使節一行を検分すれば、右のような水増し工作を防げるようになるはずです。対馬島外からの使者についても、同様に、宗貞盛が名簿（文引）を作って送るように致します。

（『朝鮮世宗実録』十八年〈一四三六〉閏六月辛卯条）

対馬宗氏の真摯な提案により、朝鮮政府は対馬発行の文引を完全に信用するようになった。しかしながら、田畠に乏しく、対朝鮮貿易こそが生活の糧である対馬が、この文引制度を逆手にとらないはずがなかろう。文引さえ携えていれば朝鮮側が信用してくれるのだから、ニセモノの使節を安全裡に朝鮮へ送り込むには、むしろ打って付けのシステムであった。実は、私が偽使派遣の主犯を対馬宗氏であると見なすのは、こうした文引査証制度あってのことなのである。

ともあれ、対馬宗氏を信用するという一時の気の迷い（?）から、朝鮮王朝はとんでもないシステムを生み出してしまったということになる。

癸亥約条とそのインパクト

朝鮮王朝による通交統制策の総仕上げともいうべきものが、一四四三年の癸亥約条である。この取り決め自体は、高等学校の日本史教科書などでもお馴染みのものであろう。周知の通り、同約条は、朝鮮王朝から宗貞盛に対して申し渡された通交制限である。その具体的な内容は、歳遣船（一年につき朝鮮に派遣できる船数の上限）を五十艘に制限する、というものであった。

朝鮮王朝側がこのように渡航船数を制限したのは、一四三〇年代以降、倭人使節があまりに頻繁にやってきて交易の官買費用や接待経費などがかさみ、それがさらに慶尚道《けいしょうどう》や全羅道《ぜんらどう》の在地に転嫁されて多大な負担を生んでいたからである。ただし、文引チェック制度が一四三三年までに本格化・厳格化した結果、曖昧にされていた通交の実数が明らかとなり、この癸亥約条が必要になったと見る意見もある（伊藤幸司「日朝関係における偽使の時代」）。いずれにせよ、一四四三年の癸亥約条に至るまでの時期に、非常に多数の倭人使節が朝鮮側に押し寄せていたことは事実と見てよかろう。

それでは、どうして朝鮮王朝がこれほどまでに倭人使節を厚遇しなければならなかったのだろうか。それは、彼ら倭人使節が、もとを辿れば倭寇的勢力にほかならなかったからである。むしろ、そうした倭寇的勢力を手《て》懐《なず》けるために、朝鮮王朝はさまざまな通交貿易特権を用意して、彼らを懐柔し、平和的な通交使節に変貌させていったのである。戦後の中世対外関係史の泰斗、田中健夫氏は、この変化を、

「倭寇から平和的通交者へ」と見事にパラフレイズしている（『中世海外交渉史の研究』）。
さて、この歳遣船制限策が、貿易に依存している対馬側にとって厳しい内容であったことは間違いない。だが、すでに指摘されている通り、この癸亥約条が、島主権力の強化につながる要素をもっていたこともまた重要である（長節子『中世日朝関係と対馬』）。一四四三年に日本国通信使（日本への通信使）の書状官として対馬に立ち寄った申叔舟《しんしゆくしゆう》は、宗貞盛に次のように語っていた。

船数定まれば、則《すなわ》ち権、島主に帰して群下の利する所無からん。数を定めずんば、則ち人の自ら行くべくして何ぞ島主を頼らんか。その利害、智者を待たずとも後に知るべし。

［意訳］　歳遣船の渡航船数を何艘と決めてしまえば、対馬島内の権力は島主に集中し、対馬の家臣たちの旨味はなくなっていくでしょう。逆に、何艘と決めていないと、誰でも好きなときに自分で朝鮮へ渡ってしまえるわけですから、島主を頼ることがなくなります。ちょっと知恵のある人なら、この理屈がすぐ分かるはずですよね。（『朝鮮成宗実録』六年〈一四七五〉六月戊戌条）

この発言を聞いた貞盛は、即座に歳遣船制限策に合意したという。朝鮮に通交したい家臣たちに野放図に文引や書契を発給するよりも、「朝鮮側からこれだけしか出すなと言われているので」と貿易の機会を制限した方が、家臣らの島主への求心力が増すことは間違いない。島主の〝受け〟を良くしようと、家臣たちのなかに競争心が増すことも期待できたであろう。中叔舟の提案は、島主宗貞盛にとって、非常に魅力的に思われたに違いない。文引制度により、島主権力の強化が約束されたも同然だからである。
こうした点も含めて、癸亥約条が日朝関係全般に与えたインパクトは大きかった。何といっても、同約条により、通交貿易の総量が制限されたという事実が大きな意味をもった。対馬島主の宗氏に近くて歳遣船にありつけるような存在、たとえば家臣団でも家老・直臣など上層クラスの求心性は確保できたであろう。だが、中下層クラスや国人・土豪層（元海賊の商人などを含む）の心は、島主から離れていった可能性も否定できまい。要するに、中長期的に見れば、やはり癸亥約条は対馬側にとって厳しい内容のものであったと考えられる。やはり、右に引用した史料は、申叔舟の卒伝（個人の没後にまとめられた、その事績の記録）に引かれたエピソードでもあり、ある程度割り引いて考えねばならない。島主権力の訴求力の高まりは、一時的・局所的なものにすぎなかったのである。

それでは、苦境に立たされた対馬宗氏側は、手をこまねいているだけだったのだろうか。もちろん、そんなことはありえない。最近、このあたりの事情を明快に解明したのが荒木和憲氏である（『中世対馬宗氏領国と朝鮮』第一部第二章）。氏によれば、通交貿易権益の総量を制限され、窮地に追い込まれた対馬宗氏――とくに宗貞盛の次の島主の成職《しげもと》――が採った対処法こそ、偽使の組織的な創出であったというのだ。

癸亥約条が大量の偽使を生み出した

偽使研究の大先達、長節子氏によると、宗成職の代にあたる一四五四年以後、各地の守護や中小領主クラスの諸酋使をかたるニセモノが多数編み出されていた（長『中世 国境海域の倭と朝鮮』）。荒木氏は、こうした先行研究の指摘をふまえ、その歴史的背景として、癸亥約条およびそれによる日朝通交量の制限に注目したのである。加えて、氏は、癸亥約条を建前上墨守せねばならぬ貞盛が死去し、次の成職が後を継いだ一四五二年以後に偽使工作は本格化していった、という見通しも立てている。時間的な辻褄《つじつま》も合っており、実に見事な推論だといえよう。

そして、本書の関心に引き付けて言えば、この荒木氏の推論は、先述の偽王城大臣使の登場時期（一四五五年）に関する拙論ともうまく符合している。つまり、ニセモノの王城大臣使は、決して孤立した現象なのではなく、この時期に一般化しつつあった、対馬宗氏の偽使創出事業の一環だったのである。

それでは、なぜ幕閣＝「王城大臣」クラスの名前を騙るかといえば、素直に考えて、朝鮮王朝からの見返り（回礼品）が大きかったからであろう。日本国の要路の使者という設定だから、往路における進物（土産物）の経費は嵩んだであろうが、復路においては、それ以上に見返りの大きい、旨味のある使節名義であったと見て間違いあるまい。

このような癸亥約条回避策が編み出されていたことに注意すると、対馬にとっての癸亥約条は、やはりデメリットの方が大きかったのであろう。先ほどの史料に見た、申叔舟との間のしおらしいやりとりも、おそらくは宗貞盛がいかに朝鮮に従順であるかのポーズにすぎなかった。宗貞盛は、本心から申叔舟の説得に応じたのではなく、いずれそんなものはどうにか回避できると考えて、あえて甘言に乗ったのではないか。倭寇の巣窟たる対馬をまとめていた宗氏の言を、史料の文言通りに信用する、というのではあまりにナイーヴにすぎるだろう。

なお、対馬側による通交制限の回避策が成功したものとして、偽使のほかに「特送船」の制度がある。特送船とは、『海東諸国紀』によると、癸亥約条の折りに定められたものである。「やむを得ないような報告事項があれば、五十隻の歳遣船定約に関わらず朝鮮に遣使してよい」という趣旨の使節で、米や大豆の賜給も年に上限二百石《せき》まで許されていた（『海東諸国紀』）。ところが、丁寧に朝鮮側史料を見ていくと、最初から特送船が歳遣船定約外のものではなかったことが分かるのである。

一四五四年、名義上、宗成職が派遣したかたちの三甫羅都老（三郎殿？）らは、十二艘もの船に乗って薺浦にやってきた。しかも、対馬島主宗氏に許された歳遣船定約の五十艘の枠を、宗氏はすでに使い切っていた。そうした趣旨を辺将が伝え、追い返そうとしたのだが、彼らは一向に対馬に帰ろうとせず、浦所に居座ったままである。そうこうするうちに、成職の「特送」として「無羅也磨老愁戒」（村山某？）があらわれた。すると、「三甫羅都老」たちは、次のように辺将に言ってのけた。

島主、我等が為めに特に之れを送るなり。国家の愁戒を待すると否とを竢ちて其の去留を定めん。

［意訳］　島主は我々のためにこの特送使を送ってきたのです。朝鮮王朝が（特送使の）愁戒（村山某）をちゃんと接待するかどうかを見極めなければ、私たちは対馬に戻るつもりはありません。

（『朝鮮端宗実録〈魯山君日記〉』二年八月乙酉条）

「三甫羅都老」たちは、その後やってきた特送使（村山某）の一行を、自分たちの後押しのために対馬宗氏が派遣してきたのだと、強弁したのである。後に見るように、実際には、特送使村山某は別件で派遣されてきたらしい。それにしても何という厚顔ぶりであろうか。ともあれ、規則は規則である。朝鮮側は、中央から役人を派遣して、彼ら倭人使節たちに次のように説諭した。

先王（世宗王）の時、貞盛と毎年五十艘を送るを約す。我国に職を受け、図書を受くるの人と雖《いえど》も、皆な五十艘の内に在り。且つ三着図書の特送人と雖も、一年に五艘を過ぎず、亦《ま》た五十艘に在り。祖宗と貞盛との約結は此《か》くの如し。以て更に改め難し。

［意訳］　世宗王の時代に、宗貞盛と癸亥約条を定約している。その内容は、毎年五十艘の歳遣船を認めるというものである。たとえ受職人や受図書人であっても、すべてこの五十艘の内に含ま

れる決まりだ。対馬島主が朝鮮に緊急事態を報告するための「特送人」は、書契に図書を三箇所捺すことになっているが、これも一年に最大五艘とし、これもまた五十艘のなかに含まれる。祖宗（世宗）と貞盛（成職の父）との間の約束なのだから、改変するのは大変難しい。

（同前『朝鮮端宗実録』）

さらに、朝鮮側の周到な詮議によって、「三甫羅都老」たちの虚言が明らかになった。特送使村山某が「三甫羅都老」などは知らぬ、と発言したらしい。結局、「三甫羅都老」たちは接待を許されず、追い返されてしまったようである。

さて、右の『実録』では、特送船も「五十艘」の渡航制限に含まれるとされていたが、先述の通り、『海東諸国紀』では、特送船＝歳遣船数外、という規定に落ち着いていた。結局のところ、最終的には、対馬側が強引に押し切ったようである。そして、それがいったいいつのことであったか、はっきりしないのだが、申叔舟著『海東諸国紀』の成立した一四七一年をさほどさかのぼらない時期ではなかったろうか。というのも、この前後の時期には、日朝関係において外交・通交儀礼や通交制度が再整備されていたからである。『海東諸国紀』の編纂なども、逆に言えばこうした〝儀礼の成宗〟の動きに棹さしたものであった。そのなかで、特送船制度も、『海東諸国紀』の規定のように固まっていったと考えられる。

ともあれ、右の特送船の事例のように、対馬宗氏は、朝鮮による通交貿易制限策をかいくぐる努力を続けていた。表向きには渡航船数制限を押し返そうとする動きであったが、それでは埒があかないと見て、架空名義や虚偽名義を用いた偽使を大量に創出し始めたわけである。いやむしろ、通交制限を回避するための主戦術こそ、偽使の創出だったのではあるまいか。

大量の偽使の群れに占める王城大臣使の数や割合は、決して多くなかったであろうが、朝鮮との〝外交〟という面では威力を発揮した。後には大蔵経《だいぞうきょう》すら賜与されている例もあり（一四七〇年畠山殿義勝使送、『朝鮮成宗実録』元年七月乙未条ほか）、回礼品の質や量を見ても、対馬にとっては大きな収益源であったと見て間違いない。

このように、ただ何もないところから偽使が生まれたのではなく、朝鮮による対馬への貿易制限が強まるなかで偽使創出が生成・展開していったことは、その後の偽使の歴史を考えるうえでも重要といえよう。朝鮮側から通交制限が加えられると、偽使によってそれを解除したり回避したりしようとする動きがくりかえし現れたからである（伊藤幸司「日朝関係における偽使の時代」・拙著『中世日本の国際関係』終章）。

なぜ一四五五年に偽王城大臣使は現れたのか

一四五五年の畠山氏と畿内情勢

対馬《つしま》をとりまく歴史的状況の推移は、おおよそ以上の通りであった。簡単に振りかえっておくと、朝鮮側が倭寇《わこう》たちを平和的な通交者に変貌させるべく、倭人たちに通交貿易の機会や権利を与えていった。ところが、通交者（乗船員数）の水増し工作などが発覚して、文引の制をはじめとする通交制度が整備されていく。またさらに、貿易経費がかさむようになると、朝鮮王朝は通交貿易の機会を削減し始める。その行き着く先が、一四四三年の癸亥約条であった。この取り決めにより、対馬島主宗《そう》氏の派遣できる歳遣船（年間貿易船数）の総数が五十隻に減らされた。通交貿易権を知行《ちぎよう》（得分・役職）として家臣たちに割り当てていた宗氏（当時は宗貞《さだ》盛《もり》）にとっては、島内政治運営上のピンチ到来である。その結果、次の宗成職《しげもと》の代（一五五〇年代半ば）になると、積極的に偽使を創出し、削られた貿易額の補塡、あるいはそれを上回る利潤の獲得に走るに至った——。

ここまではよいとしても、それでは、なぜ「一四五五年」という年に、最初の偽王城大臣使、「管提」畠山《はたけやま》義忠使送が朝鮮にあらわれたのだろうか。しかも、他ならぬ「畠山」名義の偽使があらわれたことを説明できなければ、所期の〈謎〉には答えられない。

ただし、逆にこの点を解決できれば、対馬が主犯と目される偽使派遣勢力が、どのようにして偽王城大臣使を作り出していたのか、その作り方――私のいわゆる〝偽使の技法〟――にも迫ることができるだろう。実はこの問題は、当時の畿内情勢、なかんずく現実の畠山氏の動静をうかがえば、おのずと答えが見えてくるのである。

一四五四年、当時の畠山氏（本宗家）では、のちの応仁《おうにん》・文明《ぶんめい》の乱の一端ともなる、家督《かとく》騒動がわき起こっていた（以下、桜井英治『室町人の精神』など参照）。惣領《そうりよう》畠山持国《もちくに》の跡をめぐる、持国の甥の弥三郎（政久）（その死後は甥の政長）と、同じく庶子の義就《よしひろ》（義夏から改名）との間の内紛である。

次期家督として義就が指名され、将軍足利義政《よしまさ》（義成から改名）の承認も得、同年四月にはライヴァルの弥三郎も京都から逐われるなど、当初は持国の思惑通りに事が進んでいた。ところが、大和の有力被官筒井氏らのみならず、細川勝元《ほそかわかつもと》・山名持豊《やまなもちとよ》ら幕閣が弥三郎陣営を支持したこと、義就が「上意」を詐称して各地で軍事行動を起こして義政の不信感を招いたことなどが引き金となって、結局、同年八月、義政は弥三郎を次期家督に安堵《あんど》する。ところが、その年の十二月、弥三郎与党の山名持豊が但馬《たじま》への隠居を命ぜられ下向《げこう》すると、すかさず義就陣営が入京し、今度は弥三郎が都落ちした。以後、両陣営はにらみ合いを続けるようになる。現実の能登守護家畠山義忠が、この家督継承争いにどう関わったのかは史料上不明だが、義忠を嗣いだ義統《よしむね》が義就と行動をともにしているので、義就方に近い立場にあったと考えられる。

さて、こうした状況下の翌一四五五年、「管提」畠山義忠名義の使節が朝鮮にあらわれた。一四六〇年には、畠山義就名義の使送とともに、その後見役のようなかたちを取って義忠名義の使節が朝鮮に通交していることも注目される。つまり、おそらく、この義就使節も一連の偽使なのであろう。

以上のことを総合的に勘案すると、畠山義忠・義就名義の偽使を仕立てた勢力（発案者）は、畿内における畠山氏の家督紛争を知り、現実の畠山氏が朝鮮通交に従事する余裕のないことをよく理解していたと考えられる。だからこそ、実際の畠山氏が内紛を起こしたのとほぼ同時に、その動向に取材して、義忠や義就という偽使名義を編み出したのではなかろうか。

王城大臣使創出の記憶

そして興味深いことに、そうした偽使創出の記憶は、近世初頭、対馬で外交僧として活躍した規伯玄方《きはくげんぽう》の記した覚書、『家康公命和睦朝鮮対馬約条相定次第幷対馬宗氏私記』にうかがえるのである。

朝鮮・日本、古来隣国にして好《よし》みを通わし、約条有り。昔者《せきしや》、日本禁中及び公方・管領・諸官・宰臣の使い、直に之れを遣わす。中古に至り、日本使介〔价〕の人、彼の国の礼儀を疎んじ、粛拝・宴享の間に相争いを為し、和好を玷《か》くこと有り。故に対馬主に憑《たの》み伏し、劄符《さつぷ》・銅印を遣わし、島人をして使宦〔官〕と作《な》し、海を超え用いる所を調えしむ。然れば毎歳、公方家より使者島に下り、必ず其の交義〔誼〕を董《ただ》し、其の収むる所の物を受く。其の後、畠山氏兄弟諍乱に及び、日本諸方の通使相絶ゆ矣。対馬幸いに其の銅印を受け、私に使船を遣わし接待を受く。所務を致すこと歴年なり。

［意訳］かつて日本の朝廷・幕府は直接朝鮮に遣使していたが、あるとき使人（日本国王使？）が朝鮮の礼儀を知らないために粛拝・宴享で争いを起こしてしまった。そのため交隣関係に傷が

つき、朝廷・幕府は対馬島主に依頼して、箚符・銅印を遣わして対馬島人に代わりに使節を艤装させた。毎年、公方家（足利将軍家）から使者が対馬にやってきて、貿易品を持ち帰った。その後、「畠山兄弟」の争いが始まると、日本諸方の遣使は絶えてしまい、対馬宗氏は各名義人の銅印を譲り受けて、独自に遣使・通交するようになった。その権益を保持すること、もう何年にもなる。

畠山弥三郎（のち政長）と義就とを「兄弟」と誤認している点から見て、どれだけ事実を反映しているのか疑問であり、また「粛拝・宴享」の争いや「箚符・銅印」が具体的に何を指すのか不明である（「箚符」は象牙符《ぞうげふ》のことか）。だが、まったくの作り話とも言えないであろう。ここには、偽使派遣勢力のある〝記憶〟が表れているのである。それは、十五世紀半ば、畠山氏の家督争いを契機として、偽王城大臣使を対馬が創出してきた、という〝記憶〟である。畠山氏の内訌《ないこう》こそが偽使派遣の画期や背景となったという対馬の記憶が、江戸時代のはじめまでこのように深く刻み込まれていたのであろう。

実は、この対馬宗氏らの偽使派遣勢力は、家督継承騒動等のトラブルが起こると、その関係者の名義を騙った偽使を創り出す、という〝技法〟を編み出していた。その最たる例の一つが、一四七一年から約二十年間連続して登場した、琉球国王使のニセモノである。この〈偽琉球国王使〉の出現理由については、いくつかの要因が考えられるが、第一尚氏から第二尚氏への王朝交替がもっとも大きな契機であったと見てまず間違いない（拙著『中世日本の国際関係』第二章参照）。

偽使通交の〝はしり〟

ところで、偽使が一四五〇年代に突然、初めて登場するようになったのかといえば、実はそうではない。この点についてふれないのは、日朝関係史における偽使の存在意義を語るうえでフェアではないだろう。そこで、十五世紀前半段階の偽使通交の歴史を簡単に振り返っておくこととしたい（田村洋幸「室町前期の日朝関係」・伊藤幸司「日朝関係における偽使の時代」・関周一「室町幕府の朝鮮通交」ほか参照）。その際、隈なく取り上げることはせずに、象徴的な事例のみを取り上げて、おおよその傾向をつかむこととしたい。

まず、史料上うかがえる偽使の初見としては、一三九七年の「日本九州節度使《せつどし》源了俊」（九州探題《たんだい》今川《いまがわ》了俊《りょうしゅん》）名義の使者が挙げられる（『朝鮮太祖実録』六年六月辛丑条）。これは、日朝関係が開始されてから程なくしての出来事であった。なぜこれが偽使だと分かるのかといえば、この直前の一三九五年に、了俊は義満によってすでに探題職を解任され、駿河の半国守護に左遷されていたからである。対馬宗氏のしわざによる偽使だと考えられなくもないが、日常的に使節派遣の請負を行なっていた、博多の勢力などがその〝主犯〟であったと見るのが穏当であろう。ちなみに、後任の九州探題、渋川満頼は一三九六年四月には博多に着任しており、渋川氏と今川氏との対抗関係を考えれば、満頼が了俊の名をわざわざ騙ることは想定しがたい。やはり偽使とみるのがもっとも妥当と判断される。

琉球国王使のニセモノも、かなり早い段階から登場している。一四二三年に朝鮮にやってきた「琉球国王使」は、使人・書契・図書（捺印）のいずれもが琉球国王のものとは認められず、偽使と判断された。それゆえ、礼物（土産物）も朝鮮側は受け取りを拒否し、すげなく追い返されている（『朝鮮世宗実録』五年正月丙戌条）。

ここまで来れば、読者もすでに予想されていることと思うが、日本国王使のニセモノも実際に存在した。一四三一年の「日本国王使」舎温である。朝鮮国王に謁見することが許されたのだが、そこで朝鮮国王に不審な点を詰問されている。

上《しよう》（朝鮮国王）、国王（室町殿）の遣わす所の舎温を引見して曰く、「爾等《なんじら》、何時《いつ》起程せるか」と。対《こた》えて曰く、「年前六月なり」と。上曰く、「爾等親しく書契（外交文書）を王城より受くるか」と。対えて曰く、「国王、書契を臣等に伝送す。臣等、伝受して来たる」と。上曰く、「已《すで》に之れを知れり」と。舎温、地に伏して失措変色す。

［意訳］朝鮮国王が、室町殿の遣わしたという使節舎温を引見してこう言った。「お前たちはいつ日本を発ったのか」。舎温はこう答えた。「去年の六月です」。次いで国王はこう尋ねた。「お前たちは幕府から直接国書を貰ったのか」。舎温は答える。「室町殿が国書を私たちに宛てて送ってきたのです。それを受け取って私たちはここにやって来ました」。国王曰く、「よーく分かっておるぞ」。すると、舎温は地に伏して言葉を失い、血相を変えたのだった。

（『朝鮮世宗実録』十三年二月丙午条）

これを読む限りでは、あっぱれ朝鮮国王、よくぞ偽使を見破った！　――と叫びたくなる。実際、この記事は、国王世宗の炯眼《けいがん》を賞賛するために書かれたものだろう。

ところが、次の「室町幕府の朝鮮外交」の章で確認することになるが、幕府から使者への国書（遣朝鮮国書、「朝鮮国に遣わす書」と読む）の交付の仕方を見ると、実は舎温の証言内容はそれほど不自然ではなかった。十五世紀の末頃には、実際に、室町殿名義の国書が周防《すおう》大内氏のもとにまで転送された例すらある。つまり、朝鮮国王は、自国＝朝鮮王朝での外交文書発給の仕方や外交文書の文面などを念頭に置いて、舎温のもたらした「国書」をいぶかしく思ったのであろう。だが、それは、むしろ室町幕府の外交システムに対する無知により生じた疑念だったのである。

ただし、そうは言っても、この国王使舎温がニセモノであったことは間違いない。というのも、翌年に来たホンモノの日本国王使（上官人＝正使梵齢と副官人＝副使而羅〈四郎、宗金の子〉と）がもたらした国書には、「ここ三年ほど慌ただしくて通信できなかった」と書かれていたからである（『朝鮮世宗実録』十四年五月庚辰条）。ニセモノの「国王使」舎温は世宗王に糾問され、色を失ったというのだから、かなり緊張していた様子もうかがえる。やはり、ウソはつきたくないものである。

なお、この偽使プロジェクトを計画した主犯は、関周一氏が推測する通り、舎温とともにソウルにやって来ていた博多商人の宗金《そうきん》であろう。宗金は、このころ何度も幕府—朝鮮間を往来しており、相当な事情通になっていたと考えられる。ちなみに、この後、博多商人宗金は、一四四七年南禅寺《なんぜんじ》大蔵経《だいぞうきょう》求《きゅう》請使船《せいしせん》の通交時にも、渡航船数の水増し工作を試みた節がある（拙稿「室町政権と東アジア」）。宗金のしたたかさが見てとれよう（佐伯弘次「室町期の博多商人宗金と東アジア」・伊藤幸司『中世日本の外交と禅宗』第一部第三章なども参照）。

このように十五世紀前半の状況を眺めてくると、博多の貿易商人たちこそが、偽使や水増し工作などの〃ワザ〃を開発してきた張本のように思えてくる。もちろん、最前線の〃現場〃である対馬および三《さん》浦《ぽ》の役割もとうぜん無視できないだろうが、偽使創出のパイオニアとして、室町前期の博多商人や博多の禅僧（臨済《りんざい》宗大応《だいおう》派や曹洞《そうとう》宗など）に、今後あらためて注目していく必要がありそうである（関周一前掲論文・伊藤幸司前掲書・上田純一『足利義満と禅宗』など参照)。

偽使の分類と定義

これまで、本書では「偽使」という言葉を正面から説明することなく使ってきた。しかし、以上見てきたように、使者も書契(外交文書)も真っ赤なニセモノの場合もあれば、使者は本物だが国書が書き替えられる場合、船の水増し工作がなされるというような場合もある。このように、不正行為にもさまざまなケースや度合いがありえたわけで、なべて「偽使」と呼んでしまうことに抵抗を覚える向きもあろう。やはり、必要に応じ、分類して論じることも必要となってくると考えられる。

そこで、偽使の分類と定義とが問題となるわけだが、私の提唱している使節の分類方法は、おおよそ以下のような素朴なものである(拙稿“Information Strategy of Imposter Envoys from Northern Kyushu to Chosŏn Korea in the Fifteenth and Sixteenth Centuries”)。

①真使……完全に真正であり、派遣者の意図どおりに人が移動し、外交文書がもたらされるもの。
②準真使……外交文書は本物であるが、使者がすりかわったもの。
③準偽使……使者は本物であるが、外交文書がすりかえられたもの(書き替え・改竄《かいざん》)。
④偽使……使者も外交文書も端《はな》からニセモノであるもの。使節の派遣名義が架空のものや、そもそも関与がない場合もこの範疇に含まれる。

本書でこれまで主に論じてきた王城大臣使の「第一波」・「第二波」や、先に紹介した一四三一年偽日本国王使の舎温は、右の④に分類される。いわば真っ赤なニセモノである。

一方、後で見るように、室町幕府の遣朝鮮使では、②の使者不正交替が何例か見られ、③の国書改竄もそれなりの頻度で起こっていたようである。

また、十五・十六世紀の日朝関係では、ある人物に朝鮮王朝から与えられた銅印などの通交権が、第三者に貸し出され、そのもとで遣使通交が行なわれることがあった。たとえば、壱岐《いき》の牧山氏が、対馬に拠点を移した塩津留《しおづる》氏に自身の銅印（「源正」）を預け、名義料を徴収していた事実が知られている（長節子『中世日朝関係と対馬』第二部）。こうした場合、通交の権利を正当に委託されていたわけだから、塩津留氏による牧山名義の使送を、単なるニセモノと断定することはできない。右の分類でいえば、①と②の中間あたりに位置づけておくほかなかろう。あるいは、思い切って①と見なすことも不可能ではない。

このように、外交使節の成り立ちは複雑であり、分類も困難である。だが、暫定的な基準として、右のような四つほどの指標を設けておくことは、それほど無意味とも言えないだろう。

読者の皆さんも、これから本書や日朝関係史の書籍・論文などを読みすすめる際には、〝この使節はいったいどのタイプのものなのか〟という点を、ちょっぴり考えてみてほしい。少なくとも、中世の日朝間を行き交った使者たちが、①のような単純素朴な真使ばかりではなかったと考えるだけで、日朝関係史は、俄然面白くなると思うのである。

室町幕府の朝鮮外交

幕府遣朝鮮国書の作成

幕府朝鮮外交システム論へ

さきほど、偽の日本国王使や使船数の水増し工作などといった、種々の不正行為を話題にした（もちろん、ニセモノは露見しなければ不正と分からないわけだが）。こうした問題が、外交使節の氏素性や、外交名義人との関係の深さという問題につながることは容易に察しがつくだろう。これを、私は「偽使問題」と呼んでいる。

それでは、遣朝鮮国書──「朝鮮国に遣わす書」と読む──の改竄《かいざん》や偽作、使者のすりかえ、使船の水増し、その他もろもろの不正行為は、どうして可能となったのだろうか。この点については、遣使そのものに関わる意思決定や使者の選任方法、国書作成のプロセスなどから探っていくほかないだろう（以下、拙稿「『遣朝鮮国書』と幕府・五山」・同「遣明船と遣朝鮮船の経営構造」参照）。

室町幕府の外交活動の実務的な担い手は、最近では高校日本史教科書などにも記される通り、京都五《ご》山《ざん》の禅僧たちであった。ところが、実際の活動内容となると、これまで十分な検討はなされてこなかった。〝五山僧が外交文書を作成した〟あるいは〝外交使節となった〟という指摘で止まっている。外交上の意思決定がどこで行なわれたのか、外交文書はいかに作成・交付されたかという点は、外交を考えるうえでの基本問題と考えられるが、真剣には追究されてこなかったのである。

この章では、対外関係史の記事を多く含む京都五山の蔭凉軒主《いんりょうけんしゅ》（相国寺《しょうこくじ》塔頭《たっちゅう》鹿苑院《ろくおんいん》内の寮舎のあるじ、蔭凉職ともいう）の日記、『蔭凉軒日録』（以下、『蔭凉』と略記）をおもにひもときながら、「外交僧」の実態に迫っていきたい。また、参照する外交文書は、多く外交文書集の『善隣国宝記《ぜんりんこくほうき》』・『続善隣国宝記』（以下、『善隣』『続善隣』と略記）所載のものである。両史料群については、史料参照の便宜から、文書番号を田中健夫氏編の訳注本に統一した。

幕府の朝鮮外交のはじまり

中世後期の国家的な外交関係すなわち幕府外交は、足利義詮《あしかがよしあきら》の時代に始まった。ご多分に漏れず、当時の東アジア海域世界で問題となっていた倭寇《わこう》問題がその直接の背景であった。貞治六年（一三六七）六月、高麗王朝から幕府への倭寇禁圧要請によって、両国の接触は始まる。

ただし、そのときに室町幕府（足利義詮政権）は夢窓派《むそうは》の領袖《りょうしゅう》、春屋妙葩《しゅんおくみょうは》に返書を出させた。潜在的とはいえ外交権はいまだに朝廷のもとにあったから（『善隣』巻中、拙著『中華幻想』第Ⅴ章参照）、足利氏名義で外交文書を出すのが憚られたのであろう。東アジア世界を比較的自由に通交しうる仏僧の名義なら、不自然さも軽減される。

先日高麗消息上処、為二外国披見不足覚候一、僧禄〔録〕二字可二添給一候也、恐々敬白、

六月七日　義詮（花押）〔足利義詮〕

天龍寺東堂〔春屋妙葩〕

（鹿王院文書）

図３　春屋妙葩像（1404年・吉山明兆筆・祖芳道聯賛，光源院蔵）
『国史大辞典』（吉川弘文館，1986年）より転載.

これによると、高麗からキャリア「不足」と「覚《おも》」われることのないよう、「僧録」の肩書きを書き加えよ、という指示が足利義詮から出されたことが分かる。このときに初めて、日本禅宗界において「僧録」という職名があらわれた（今枝愛眞『中世禅宗史の研究』・中村榮孝『日鮮関係史の研究』上）。当然、禅宗に造詣《ぞうけい》の深い足利義詮《よしあきら》の念頭には、中国の僧録制度が存在していただろう。

その後、この五山トップの僧録職は常置されることになり、鹿苑院主が兼担することとなった。それゆえ鹿苑僧録ともいわれ、最初の僧録には春屋がそのまま就任した。日朝関係の展開が、日本禅宗史の機構面に大きな影響を与えたわけである。そしてこのことは、のちに詳しく述べるように、幕府初期の対朝鮮外交が、鹿苑僧録の主導・主管で開始・運営されることに直接つながったと考えられる。

日朝国交関係の安定化

日朝両国の国家間外交が本格的かつ安定的に展開するのは、その後、足利義満《よしみつ》の時代のことである。十四世紀中葉以来、東アジア海域に共通する案件は、上述した通り、倭寇《わこう》問題であった。義満時代にも、この倭寇問題は引き続き持ち越されていた。そして周知の通り、一四一九年、足利義持《よしもち》の時代の「応永の外寇《がいこう》」にまで尾を引いている（この「応永の外寇」については、佐伯弘次『対馬と海峡の中世史』を参照）。

そのなかで、積極的に倭寇対策に乗り出し、朝鮮側との融和的・友好的な関係を築き上げたのが、九州《きゅうしゅう》探題《たんだい》今川《いまがわ》了俊《りょうしゅん》や周防《すおう》大内氏、そして対馬《つしま》宗氏《そうし》であった。彼らの動きには、幕府をよそに、独自に朝鮮王朝と結びつき、交易を展開しようとするしたたかさがうかがえる。

詳細は別に述べたのでここでは省略するが（拙稿「対明・対朝鮮貿易と室町幕府―守護体制」）、要するに室町幕府の朝鮮外交は、九州探題や周防大内氏、対馬宗氏など、複数の地域権力の仲介があってはじめて実現できたのである。これには、朝鮮側が倭寇対策のために多元的な通交関係を敷いていたことが大きく関わっている。つまり、そうしたいくつものチャンネルをもつ朝鮮外交秩序をうまく活かすことで、室町幕府は対朝鮮外交を軌道に乗せることができたわけである。

なお、一四〇四年、義満は外交文書のなかで初めて「日本国王」の肩書きを名乗る（『朝鮮太宗実録』四年七月己未条）。同年、義満は明皇帝から誥命《こうめい》と金印を下賜《かし》され、正式に「日本国王」に冊封《さくほう》されており、その影響と考えるのが素直であろう（檀上寛「明代朝貢体制下の冊封の意味」によれば、通説の一四〇二年義満冊封説は誤り）。これ以後の幕府遣朝鮮使は、日本側国書のなかで、「王」の字を欠く「日本国源某」と名乗っていたとしても、朝鮮側史料の地の文では、おおむね「日本国王使」や「日本国使臣」として登場する。先述の通り、明皇帝を頂点とする中華国際秩序を前提とした、朝鮮独自の敵礼観念の影響である。

十五世紀中葉の分水嶺

室町幕府の対朝鮮外交システムについては、十五世紀半ばの足利義政《よしまさ》期以降、ある特定の寺社や守護等のための大蔵経《だいぞうきょう》求請《きゅうせい》（請経）行為が明確になる、ということが指摘されている（関周一「室町幕府の朝鮮外交」）。そして、その使船は、もっぱらその請負主体たる寺社・守護などが、幕府の外部で経営するものであった。幕府周辺に関連史料が少ないのは、おそらくこのためである。

幕府・五山の財政は、嘉吉の徳政土一揆《とくせいつちいっき》以後、逼迫《ひっぱく》を極めた（早島大祐『首都の経済と室町幕府』など）。幕府が独自に使船を経営・派遣することは、相当難しくなったはずである（この点は遣明船《けんみんせん》経営でも同様―拙著『中華幻想』第Ⅳ章）。そこで幕府室町殿は、有志の寺社・守護等に遣朝鮮使船派遣のチャンスを与え、名義貸し料を徴収する方針に転じたのではないだろうか。幕府室町殿は、遣朝鮮使発遣の機会を物権化させていったと推察される。

こうした幕府の〝営業〟活動を軌道にのせるには、朝鮮から大蔵経を絶対に獲得してこなければならなかった。いうまでもなく、蔵経請来《しょうらい》の成功こそが次なる〝営業〟につながったからである。これを裏づけるように、一四五六年以降の足利義政名義の遣朝鮮国書を見ると、「大王仁化《じんか》の覃《およ》ぶところ」云々という、それまでの義持期や義教《よしのり》期には見られない表現が登場し始める。ここでいう「大王」とは、朝鮮国王のことである。おそらく、朝鮮から大蔵経を絶対に獲得しなければならないプレッシャーから生まれた、極度に低姿勢な朝貢《ちょうこう》的表現であろう。こうした卑屈ともいえる態度は、足利義政がのちに偽王城大臣使・偽日本国王使の封殺に乗り出す背景としても重要なので、ぜひ記憶に留めておいてほしい。

さて、嘉吉の土一揆あたりに、幕府外交システムの変容の契機があったとすると、逆に、幕府財政が破綻する以前は、幕府が独自に遣朝鮮使を経営・派遣していた可能性も浮上してくる。実際、義政よりも前の時代、足利義教期以前の蔵経求請を旨とする遣朝鮮国書には、特定の寺社名が記されていない。これは、基本的に、幕府が企画・主導して朝鮮から大蔵経を獲得し、それを各寺社へ譲渡するという形式がとられていたからなのではないか（もちろん「内々」の下交渉はあったと考えられるが）。

なお、室町中期以降になると、荘園年貢の収取システムにおいても、「請負」や「請切《うけきり》」の契約形態が普及し、請負代官から荘園領主への年貢収納が事前に確約（場合によっては実際に納入）される傾向が強まってくる（井原今朝男『中世の借金事情』）。遣明船においても、義政期最初の応仁度遣明船以後、派船前に抽分銭が契約されるようになった（ただし額面が渡航前に決められただけであり、しばしば説かれるような事前納入という事実はない）。要するに、社会全体として、債務契約とその履行が前倒しになっていく傾向にあったわけである。この遣朝鮮使における事前経営主体決定も、そうした傾向のあらわれと見てよいのではなかろうか。

それでは、幕府が主導的に経営していた可能性のある義教期以前の時代に、幕府遣朝鮮使はどのように運営・派遣されていたのだろうか。残念ながら、義政の直前の義教の時代には、たった一度しか遣朝鮮使が派遣されていないため、関連史料に乏しい。しかしながら私は、室町前期の遣朝鮮使船が基本的には鹿苑僧録の主導・主管で運営されていたと想定している。というのも、幕府初期の遣朝鮮国書作成の主担者が、ほかならぬ僧録であったからである。

遣朝鮮国書を書いたのは誰か

朝鮮王朝発足後、最初期の幕府の遣朝鮮国書（『善隣』巻中12・16・17・18・20号）は、ときの鹿苑僧録、厳中周噩《げんちゅうしゅうがく》によって起草された。厳中周噩は九条家の出身であり、もちろん五山の高僧であったが、自身で海外に留学したことはなく、同じく渡海経験を持たぬ春屋妙葩や義堂周信《ぎどうしゅうしん》に師事したのみであった。

それに比べると、同時期の遣明表を複数起草した絶海中津《ぜっかいちゅうしん》は、明の洪武帝《こうぶてい》から直接に唱和を受けたという逸話からも分かる通り、高度な四六駢儷文《しろくべんれいぶん》を駆使する漢詩・漢文に堪能であった（西尾賢隆『中世の日中交流と禅宗』）。遣明表のような、難しい四六文を操る必要のある文書を綴るには、絶海やその学統僧たち――私はこれを「絶海のエコール」と呼んでいる――が必要だったのである（拙稿「室町政権と東アジア」）。

ところが、いま問題の朝鮮への外交文書（遣朝鮮国書）は、実は単なる漢文の書簡にすぎなかった（高橋公明「外交儀礼よりみた室町幕府の日朝関係」）。絶海のエコールでなくとも、あるレヴェル以上の五山僧であれば誰でも書けたわけである。要するに、朝鮮向け国書の起草は、厳中周噩でも事足りたといえよう。だが、それでは、なぜ彼が遣朝鮮国書を起草したのかの説明にはなっていない。そこで注目したいのは、厳中がこのとき僧録職に任じていたという点である。ここから、僧録の職務の一つに遣朝鮮国書の起草があったと想定できないだろうか。

鹿苑僧録の遣朝鮮国書へのかかわり

この点を確かめるために、十五世紀はじめの遣朝鮮国書の起草者をさらってみよう。

まず、正式に最初の僧録に任じた春屋妙葩は、嘉慶二年（一三八八）、幕府勢力として初めて大蔵経を高麗王朝に求請した（『高麗《こうらい》史節要《しせつよう》』辛禑《しんぐう》王十四年七月条）。次に、大内義弘に幕府の意向を朝鮮側へ伝えさせる形の応永五年（一三九八）の「朝鮮に諭するの書」（『善隣』巻中1号）は、大蔵経の求請を含む内容であったが、これも鹿苑僧録たる絶海中津の作であった。そして、幕府が朝鮮王朝に恒常的に遣使し始めたころの「朝鮮（国）に遣わす書」（『善隣』巻中12・16・17・18・20号）は、先述の通り、ときの僧録厳中周噩が作成したものである。いずれも、大蔵経（ないし版木）の求請を趣旨とする遣朝鮮国書であった。

以上から見る限り、大蔵経求請を骨子とする遣朝鮮国書（遣高麗書）の起草が、僧録固有の業務であった蓋然性は、やはり高いのではないか。五山禅林のトップである僧録として、新たに大蔵経を獲得し、国内の寺社勢力（新興の五山そのも

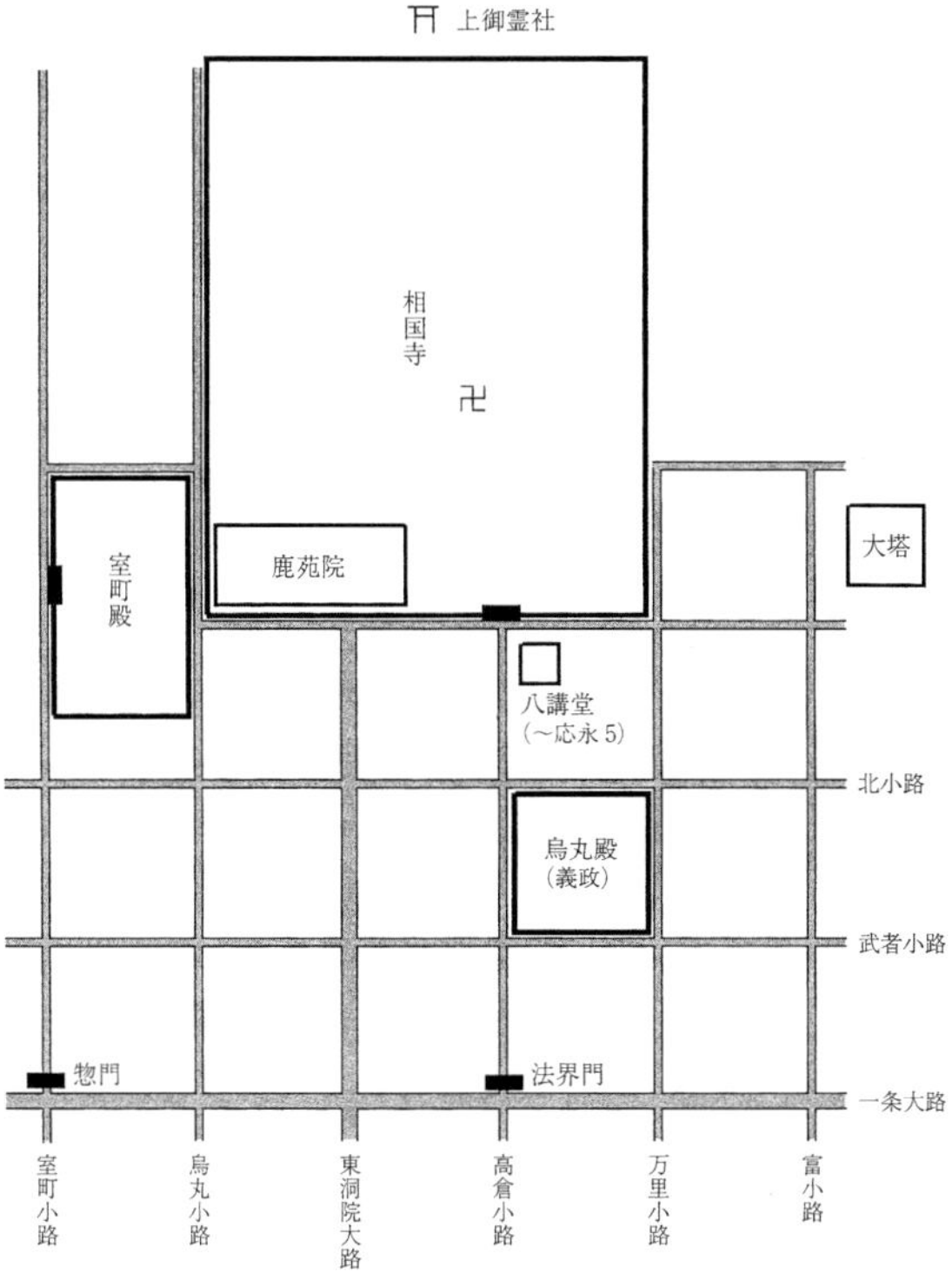

図4　室町殿と相国寺・鹿苑院
細川武稔『京都の寺社と室町幕府』（吉川弘文館，2010年）より転載．

のも含む）に頒布していくことは、強力な訴求力の形成につながったはずである。そしてそのためには、僧録自身が対朝鮮外交をある程度主導していく必要があっただろう。だからこそ、鹿苑僧録が遣朝鮮国書を起草・準備したのではないだろうか。もちろん、幕府としても、僧録や五山の地位を保障しようとするため、僧録固有の権限として対朝鮮外交（＝請経）の主管的職務を積極的に認めたことが推察される。

それでは、そうやって室町初期に朝鮮から請来された大蔵経は、いったいどの寺院に頒布（奉納寄進）されたのであろうか。残念ながら、それを明示する史料はまったく存在しない。この時期では、一四二四年に朝鮮王朝の日本国通信使朴安臣らによってもたらされた大蔵経が相国寺に置かれたことを知るのみである（『朝鮮世宗実録』六年十二月戊午条）。そしてこの大蔵経が、その後、相国寺（鹿苑院？）から他の寺院・神社に譲渡された可能性も否定できない（須田牧子『中世日朝関係と大内氏』第三章）。その場合、まだ大蔵経を備えていない五山系寺院のいずこか（もちろん相国寺内を含む）に収まった蓋然性は、きわめて高いと思われる。

いずれにしても、朝鮮半島からの大蔵経請来は、当時の仏教界の新興勢力、京都五山の地位確立に大きく貢献しただろう。とりわけ、新興勢力＝五山のトップたる鹿苑僧録の権威・権力の形成に役立ったことは、想像に難くない。

遣朝鮮国書起草者の選任方式

さてそうなると、厳中周噩のあとの歴代僧録に、遣朝鮮国書起草者が見出せない、という問題点が浮上してくる。

たとえば、永享十二年（一四四〇）遣朝鮮国書の起草者として、蔭凉職季瓊真蘂《きけいしんずい》が登場する。通信使高得宗らの帰国に合わせて、季瓊が国書（返書）を起草することになったものである（『善隣』巻中27号・『蔭凉』同年二月十五日条）。なお、通信使高得宗一行は大蔵経をもたらさなかったため（『朝鮮世宗実録』二十二年五月丙寅条）、僧録自身が前に出てこなかった可能性も皆無ではないが、それも推測の域を出ない。なおかつ、その後の遣朝鮮国書起草者の法系・学統を通覧しても、系統だった点は見てとれないのである。

そこで、起草者の選任に鹿苑僧録が関わったことの分かる、長禄三年（一四五九）・寛正三年（一四六二）の事例を見てみることとしよう。

前者の例は、奈良の多武峯《とうのみね》寺（現・談山神社《たんざんじんじゃ》）のための大蔵経求請である。このときは、幕府政所執事伊勢貞親の依頼によって、鹿苑僧録の瑞渓周鳳《ずいけいしゅうほう》が遣朝鮮国書起草僧の選定に当たった。瑞渓は、のちに相国寺に出世する夢窓派寿寧門派僧、天英周賢《てんえいしゅうけん》を推薦・選任している（『臥雲日件録抜尤《がうんにっけんろくばつゆう》』長禄三年八月一日条）。天英は学問僧として当時名高く、瑞渓とも親密な交友関係をもっていた（玉村竹二『五山禅僧伝記集成』）。

また、後者の寛正三年天龍寺勧進船《かんじんせん》の場合は、依頼主体の寺家の連署が蔭凉職季瓊真蘂を通じて室町殿義政にもたらされ（『蔭凉』寛正二年十一月十六日条）、遣朝鮮国書の執筆は当初、季瓊からまず鹿苑僧録東岳澄昕《とうがくちょうきん》に依頼された（『蔭凉』寛正二年十二月三日条）。ところが、東岳はこの役目をさらに益之宗《えきしそう》箴《しん》に任せたのである（『蔭凉』寛正三年二月二十九日条）。益之は季瓊の法弟であるから、これより先、永享十二年（一四四〇）に季瓊が遣朝鮮国書を起草した先蹤《せんしょう》にならったものであろう。このときの天龍寺船は、大蔵経求請を主旨としていないことも、季瓊のときと類似している。

わずか二例だが、以上を踏まえると、十五世紀中葉・足利義政の時代における〝鹿苑僧録による執筆僧の選任（委任）〟という命令系統が浮かびあがってくる。これを鹿苑僧録の権威や権力が低落したと見ることもできようが、むしろ遣朝鮮国書の作成がごく事務的なものに変質したことを示すものではないか。義政期に個別寺社のための請経行為がさかんになることと、決して無縁ではないと思われる。

遣朝鮮国書起草システムの最終形態

こうして固まったかに見える命令系統も、文正元年（一四六六）には早くも改変されてしまう。同年、朝鮮に派遣された興福寺勧進船（のち薬師寺勧進船に変更）のときに、室町殿足利義政から「蔭凉職季瓊が遣朝鮮国書起草僧の選任をせよ」との命が下り、これまで鹿苑僧録の仕事であった起草僧の選任が初めて蔭凉職に委ねられたのである。季瓊は驚いて、本当に自分がやるのでしょうか、と義政に問い直しているほどだ（『蔭凉』文正元年正月二十二日条）。時あたかも蔭凉職季瓊真蘂の権勢の絶頂期であり、ほんらい僧録固有の業務であったはずの遣朝鮮国書作成・監督権までもが、蔭凉職に吸収されたわけである。

これ以後、『蔭凉』によって遣朝鮮国書の準備過程がかなり復元できるのは、実はこのような経緯が背景にあった。また、ちょうどこのころから『蔭凉』の記主が筆まめな亀泉集証《きせんしゅうしょう》に替わる。そして、記録上、以後の例では、原則として蔭凉職が遣朝鮮国書起草僧の選任に当たっていたことがわかるのである。

遣朝鮮国書の実例

室町殿から出された遣朝鮮国書の具体例を、ここで一つ紹介しておくことにしよう。一四五六年に書かれた、建仁寺《けんにんじ》勧進を旨とするものの写（控え）である（引用文中の最初のゴチック部分『建仁』を参照）。

日本国義政、端粛拝覆朝鮮国王殿下、聖度如天、尭海歛浪、実無任欣荷之至、今特差遣使者永嵩西堂・全密西堂・恵光蔵主等、聊修隣好、少寓慶悰、伏幸、徹高明之聴、比年以来、使者相継、音耗靡絶、深慰瞻仰之私、仍告、吾方有寺、曰『**建仁**』、蓋国初禅刹、以為祈福之霊場也、所遣嵩・密二西堂、隷名此寺也久、是以有起廃之志、茲行得便、式告大王、切望特賜矜憐、便獲大王仁化覃遠也、不腆土宜、具如**別幅**、収録惟幸、春韋標季、伏希若時保重、万福、

〔訓み下し〕　日本国義政、端粛して朝鮮国王殿下に拝覆す。聖度〔天子の度量〕天の如く、尭海《ぎょうかい》〔尭の徳にあふれた豊かな海〕浪を歛《おさ》む。実に欣荷〔感謝〕の至りに任《た》うる無し。今特に使者永嵩西堂・全密西堂・恵光蔵主等を差し遣わし、聊《いささ》か隣好を修め、少しく慶悰〔世祖の即位〕を寓す。伏して幸《ねが》わくは高明の聴に徹《とお》らんことを。比年《ひねん》以来、使者相継ぎて音耗《おんこう》絶ゆること靡《な》く、深く瞻《せん》仰《ぎょう》の私を慰む。仍《な》お告ぐ、吾が方に寺有り、『**建仁**《けんにん》』と曰《い》う。蓋《けだ》し国初の禅刹にして、以て祈福の霊場為《た》る也。遣わす所の嵩・密二西堂は、名を此の寺に隷すること也《ま》た久し。是《こ》こを以て起廃の志有りて、茲《こ》の行、便を得たり。式《もつ》て大王に告げ、特に矜憐を賜わり、便《すなわ》ち大王の仁化の遠きに覃《およ》ぶを切望する也。不腆《ふてん》の土宜、具《そな》うること**別幅**の如し。収録せられるれば惟《こ》れ幸いなり。春韋〔春の輝き〕季を標《あらわ》す。伏して希むらくは、若時保重せられるれば万福たり。

（『善隣』巻中30号〈起草者不明〉、康正二年〈一四五六〉丙子）

差出の足利義政が「日本国王」と名乗っていない点や、どういうわけか「拝復」〔返書〕と書き出されている点など、ふれるべき点も少なくないが、ここでは、正使永嵩西堂ほか使者一行主要三名の名が示され（二重傍線部）、最後の方で「起廃」〔復興〕のため「矜憐」の「特賜」を「切望」する旨（傍線

部）が書かれている点に注目してほしい。また、終わり近くに見える、「別幅」のゴチック二文字も、外交文書のあり方を考えるうえでは重要である。この部分の一節は、「不腆の土宜、具うること別幅の如し」と読む。つまり、室町殿足利義政から朝鮮国王世祖への土産物をリストアップした「別幅」なる文書が、本文（正幅）と同時に送られたことが記載されているのである。ただ残念ながら、日本側史料において、この別幅の内容を知ることはできない。しかし、幸いなことに朝鮮側史料に引用されており、文面を確認することができる。

別幅、金粧屛風二張・紅漆木椀一百事・紅漆盤大小二十片・綵画扇二十把・大刀十把・銚子十柄・提子十箇・南都木桶二箇・钀子酒器一箇、

（『朝鮮世祖実録』三年〈一四五七〉三月戊寅条）

こうした別幅と、先に掲げたような正幅との二通の文書が一セットとなり、国書として日朝間を往来していたわけである。

さらに、ある意味で当然のことかもしれないが、朝鮮王朝の側からも同様な形式の文書（正幅二通一セット）が室町殿に送られていた。室町幕府は、朝鮮王朝側の書契（外交文書）や箱、包み裂《きれ》などをむしろ参考にしていたほどなので（『蔭凉』永享十二年二月十九日条参照）、日朝間をほぼ同じ形状の国書および国書箱が往き来していたことになる。

遣朝鮮使への国書の交付

遣朝鮮使と遣明使との〝格差〟

ところで、遣朝鮮使の使者を室町殿自身が直接任命したという例を、寡聞にして聞かない。『蔭凉軒日録《いんりょうけんにちろく》』などの史料の残り具合によるものであろうか。あるいは、『蔭凉』のない室町前期（義持《よしもち》期以前）などは、室町殿や鹿苑《ろくおん》僧録あたりが使節の選任に関わっていたかもしれない。だが、特定の寺社による請経使節経営が一般化する室町中後期・義政期以降には、誰が使者になるのかは、使船を請け負った寺社側が決めるべき事柄だったのではなかろうか。

室町殿の任命があったか否かは、使節の格付け、儀礼的な扱いの軽重にも大いに関わってくる。たとえば、遣明使節の選任の具体的な段取りとしては、蔭凉職が正使や居座の候補を書き立てて室町殿に奏上し、裁可（承認）をもらうことが一般的であった。ただし、正使・居座に任ぜられた禅僧たちに、補《ぶ》任状《にんじょう》などの辞令が発給された形跡はない。

ともあれ、こうした〝違い〟は、使節が外交文書を手渡される場面に如実にあらわれる。次にその点を見てみることとしよう。

遣明使の「御暇請」（謁見）

中国への遣明使節《けんみんしせつ》は、「御暇請《おいとまごい》」ということで、出発前の遣明使が直接に室町殿に対面し、そこで遣明表などの外交文書をもらう決まりであった。足利義材《よしき》が若年の折り、蔭凉職亀泉《きせん》が国書を渡す手順などの指示を与えたため、詳細な記録が残っている。

> 次いで正使の事を奉ず。御含胡〔含み笑い〕。乃《すなわ》ち正使に接し、次いで副使に接す。書〔外交文書〕の箱、相公《しょうこう》〔足利義材〕の右辺に在り。予〔蔭凉職亀泉集証〕、前に近づきて書の箱を取り、相公の御一覧を歴《へ》、正使の前に置く。鎖子《さす》〔鍵〕を開けて書を取り出だし、之れを攤《ひら》き、正使・副使の一目を歴る。次いで別幅も同前。書を裹《つつ》み箱に収め、正使に渡す。正使頂戴して起《た》つ。相公御送礼無きの条、予、相公に接す。相公乃ち起ち、御送礼恒《つね》の如し。予又た相公に向かい低頭す。御一笑恒の如し。
> （『蔭凉』延徳四年七月十九日条）

亀泉は遣明使対面の儀式のことを義材に告げた。次いで亀泉は正使・副使に近づき、これから執り行なわれる国書交付の式次第をそれぞれに説明したらしい。亀泉は、義材の座右に置かれていた国書の箱を取りあげ、義材に確認する。そして正使の前にこれを置き、書箱の鍵を開けて遣明表を取り出し、広げて書面を正使・副使に確認させる。別幅（勘合料紙《りょうし》に書かれた別幅咨文）についても同様に行なう。そして表文・別幅をおそらくはそれぞれ折り畳んで、箱に収めて正使に手渡した。正使は頂戴して立ち、退出する。そしてその際には、室町殿から送礼を受けている。

以上のやりとりからは、室町殿が、遣明使節を相当に重視していることが読み取れるであろう。

そして、このような使節出発前の「御暇請」こそ、使節が官命を正式に奉ずる手続きそのものだったのではないか。もっとも、引見が許されたのは、正使・副使までであることにも留意したい（『蔭凉』延徳四年七月十九日条参照）。逆に言えば、その階層に属する僧侶しか、遣明正使・副使には任じられなかったのである。

遣朝鮮国書の「台覧」（閲覧）

これに引き替え、遣朝鮮使ならびに遣朝鮮国書の扱いは、ひどく軽いものであった。遣朝鮮国書は、鍵付きの書箱に収められて室町殿の閲覧に供され（『蔭凉』延徳二年十月十一日条など）、その後、使者に対して正式に交付されるのだが、ずいぶんと粗略な扱いだったことが史料からはうかがえる。

最初に、書箱に収められた国書が室町殿の「台覧」に供される。この光景を具体的に伝えるのが、次の記事である。

高麗書を台覧〔足利義政〕に供す。鎖子〔鍵〕を啓《ひら》かるるに及ばずして之れを出ださる。「是れより先も亦《ま》た此《か》くの如き」の由、琳公〔周琳蔵主《ぞうす》〕、傍《かたわら》に在りて相語らる。愚〔蔭凉職亀泉〕、鎖子を啓き堀川殿〔女中申次〕に白《もう》して曰く、「御一覧に供するが然《しか》るべし」と。堀〔堀川殿〕曰く、「然らば重ねて白すべし」と。御一覧に供せられ、乃《すなわ》ち之れを出ださる。「飯尾大和〔幕府政所奉行人飯尾大和守元連《もとつら》〕に渡すべき」の由、之れを白す。（『蔭凉』長享二年四月二十二日条）

このときの遣朝鮮国書（一四八六年越後安国寺在田庵請経使）を蔭凉職亀泉が足利義政に呈すると、書箱の鍵を開かないまま交付を許可してしまった。つまり中身を見ていないのである。以前からの習いだと、近くにいた周琳蔵主（義政側近の少年僧。今泉淑夫『禅僧たちの室町時代』）が亀泉に教えてくれた。だが、生真面目な亀泉は、みずから鍵を開け、女中申次の堀川局に対し、義政に一覧を奨《すす》めるよう申し入れた。堀川は、それならば重ねて義政に申し上げようといって、結局、義政は箱の中身＝国書を一覧したようである。

　ここで興味深いのは、第一にこれまで義政が書箱を開けもしないで遣朝鮮国書を発給していたこと、第二にここで亀泉が書箱の中身を見せたはずだが、果して国書の文面を義政は見たのかということである。第二の問題は国書の《封印》の作法と密接に関わるので安易に結論を下せないが（私は原則として糊付けされたと考えている）、第一の点は、実は義政が遣朝鮮国書に関心を示さなかったということに直結しない。彼はこのときの国書の草案（『蔭凉』長享二年四月十六日条）のみならず、一四八六年の遣朝鮮国書（越後安国寺在田庵請経、『善隣』巻下11号）の草案にも目を通しているからである（『蔭凉』文明十八年七月二日条）。それどころか、朝鮮王朝からの返書を読むこともしばしばだった（『蔭凉』長禄四年八月十七日・長享二年三月十一日条）。義政が先例にしたがい国書を見ようとしなかったのは、それだけ遣朝鮮国書の作成・発給が日常化していたためかもしれないが、やはりむしろ、遣朝鮮国書に敬意を払おうとしなかったことに最大の原因があるのではないか。

　そこでさらに、遣朝鮮国書が使者に手渡される現場を確認してみることにしよう。

遣朝鮮使への国書交付

①　右に見た一四八六年国書（越後安国寺在田庵請経、『善隣』巻下11号）は奉行の飯尾大和守元連方へまず渡されることになっていた。ところが、飯尾本人でなく、その雑掌《ざつしょう》の熊谷某が蔭凉軒に国書を取りに来た（『蔭凉』文明十八年七月十七日条）。

②　一四八八年国書（般舟三昧院《はんじゅざんまいいん》請経、『翰林葫蘆集』）は、正使の恵仁が他に行ってしまったということで、蔭凉職より代理人の「雑掌僧統円・飯尾太和入道宗勝雑掌西村孫左衛門尉」の二人に国書が

手交されることになった（『蔭凉』長享二年四月二十六日条）。

③　一四九二年国書（城南妙勝寺〈現・酬恩庵〉請経、『蔭凉』明応元年八月二十七日条）の場合も、正使にではなく、準備段階で立ち回った法浄院某に国書が渡されている（『蔭凉』明応元年九月九日条）。

④　極めつけは一四九〇年国書（筑前妙楽寺請経、『続善隣』12号）の例である。正使となった慶彭首《しゅ》座《そ》が、国書の交付時には大内政弘の使節として朝鮮に渡っていたのだ（『朝鮮成宗実録』二十一年九月丁卯～十月壬戌条）。ちなみにこの国書は、完成後、まず曇華院《どんげいん》に交付された（『蔭凉』延徳二年十月十四日条）。当時の曇華院主が元璟芳咸《げんじゆうほうかん》（足利義視《よしみ》息女）であったところを見ると、国書はその後、足利義視―大内政弘ルートで周防・九州方面へ転送されたのであろう。

このように、遣朝鮮国書の交付は、室町殿から使者に直接手渡す形を取らず、蔭凉職ないし奉行人が使者に手交する形を取っていたのである。しかも、その受取人が正使や副使の代理人であっても構わないのだから、遣朝鮮使節がどれほど軽視され、事務的なものになっていたかが分かるだろう。

不正行為の横行

以上見てきたような対明外交（遣明使節・遣明表）と対朝鮮外交（遣朝鮮使節・遣朝鮮国書）とのあいだの違いは、おそらく、使者が室町殿に謁見できるかどうかによっていた。使者たちの身分的階層差という問題である。身分的階層の違い、つまり外交名義人＝室町殿との縁遠さが、使節の素行の悪さを招きやすいことは容易に察せられよう。しかも、先に見たような遣朝鮮使節に対する軽微な扱いは、使行中の不正行為に対する罪悪感さえ失わせたのではないか。

その一つの例が、一四九〇年の伏見般舟三昧院請経使である（前掲②）。この使節は、申請時の正使恵仁（浄土僧）の名が、国書に明記されていたにもかかわらず、本人が朝鮮に渡海しなかった。渡海するのをいやがって、月印□松なる臨済僧を三十貫文で雇い、代わりに行かせたのである（『蔭凉』長享二年十一月十八日・長享三年二月二十九日条）。公方《くぼう》＝室町殿の使命を帯びたという意識が、この恵仁に備わっていたとはとうてい考えられない。

亀泉はこれに対して道理にあわないと憤っていたが、この責めを恵仁個人のみに帰するのはいささか酷であろう。遣朝鮮使を発遣する際の幕府・五山のシステム自体に、こうした不正行為を許容する土壌が存在していたのだから。

国書改竄の事例

遣朝鮮国書が改竄《かいざん》・偽作された例も、枚挙にいとまがない。十五世紀において国書の中味がうかがえる朝鮮王朝への幕府遣朝鮮使（「日本国王使」）は、合計三九件にのぼるが、このうち、遣朝鮮国書（「日本国王書契」）が確実に改竄されていた事例は三件（朝鮮到着一四二二・五七・九一年）を数え、何らかのメリットのために改竄されたとおぼしいものは四件（同一四四八・五八・七五・八二年）認められる。このほか、一《いち》から新たに国書を作り上げる偽作の確実な事例は、二件（同一四三一・七〇年）存在する（拙稿「室町政権と東アジア」・「大蔵経の値段」など参照。次章「文化交流と偽使問題」でもふれる一四五二年日本国王使〔定泉〕が真っ赤な偽使・偽書だとすると三件になる）。仮にこの推察が正しいとして、国書の改竄・偽作の事例を一〇件と見積もると、改竄・偽作の発生率は最大約二六パーセント（＝10÷39）にものぼる。四件に一件の割合で改竄か偽作がなされていたわけであり、国書の改竄・偽造は、決して少なくない割合で生起していたといえよう。

すべてについて詳しく紹介する余裕はないため、本書では、幕府の遣朝鮮使船のありかたをさまざまに考えさせてくれる、一四五六年建仁寺勧進船の国書改竄例を取り上げてみたい。

実は、この事例の改竄前の国書は、先に遣朝鮮国書（正幅）の見本として掲出したものである（六一ページ参照）。朝鮮側史料に残された、改竄後の国書のテキストと比較すると、非常に興味深いことが判明する。読者の皆さんには、十五世紀段階の日朝双方の史料を突き合わせると、こんな面白いことが分かるのだということを実感してほしい。さっそく、朝鮮側の記事（改竄後の国書）を左に掲げてみよう。

日本国王書曰、「源義政、端粛拝覆朝鮮国王殿下、四海斂浪、両邦同仁、無任欣荷之至、特差遣使者全密西堂・永嵩西堂・恵光蔵主等、聊修隣好、少寓慶悰、伏幸、徹高明之聴、比年以来、使者相継、音耗靡絶、深慰瞻仰之私、仍告、吾邦有寺、曰『**建仁**』、蓋国初禅刹、以為祈福之霊場也、密・嵩二西堂、隷名此寺也久、是以有起廃之志、茲行得便、式告大邦、切望特賜**五万緡**之資、以垂矜憐、且獲　大王仁化覃遠也、不腆土宜、具如別幅」

（『朝鮮世祖実録』三年〈一四五七〉三月戊寅条）

日朝双方の史料に残る国書の文面を比べると、正使永嵩・副使全密から正使全密・副使永嵩に変わっていることにまず気づく（二重傍線部）。もとの正使・副使の組み合わせが、逆転しているわけである。また、最後の傍線部を見ると、朝鮮側史料の国書では、「五万緡の資を特賜されんことを切望す」という、あからさまな要求項目が付け加えられている。和文脈での「緡」は百文を指すが、漢文脈での「緡」は一貫文（千文）を意味する。したがって、ここでは最大五万貫文の銅銭贈与が企図されていたと見てよかろう。

それにしても、何と厚顔な〝国書〟なのであろうか。さすがに朝鮮側も五万貫文をそのまま贈与することはなく、一万貫文の賜与に結果した。しかし、それにしても破格な銅銭贈与であったことには変わりがない。

要するにこの国書は、朝鮮王朝に到達するまでのあいだに改竄されたのである。そして、改竄の黒幕は、改竄後「正使」となった全密と、帰国後「特賜」された一万貫文を私物化しようとした寂路庵恵光であったと見られる。

注目すべきことに、建仁寺勧進船の全経費を負担したのがこの寂路庵恵光なる僧侶であった（『蔭涼』長享二年二月十三日条）。おそらく建仁寺は、使船の経営を寂路庵恵光に請け負わせ、使行に付随する貿易の管理などを彼に許したのであろう。ところが、それが裏目に出て、使行のイニシアティヴを完全に恵光に奪われてしまったものと思われる。

この恵光と全密とは、帰国後、不正が明るみに出て闕所《けつしょ》に処されてしまう（『蔭涼』長享二年二月十二日・十三日条）。しかも、そのときの恵光の弁明が実にふるっていた。「寺家〔建仁寺〕の号を借りるも、寺家の煩費一銭も亦《ま》た之れ無し。然れば、彼の一万貫奉加之れ有らば、私物たるべき也」（『蔭涼』長禄二年二月十日条）。つまり、建仁寺は使船の経営に何の費用も払っていないのだから、一万貫の奉加銭は私物としていいはずだ、という主張である。もはや彼自身が国書を改竄したことは明らかであろう。彼の名誉（?）のために言っておくと、帰国後、彼は周防滞在中の夢窓派僧龍崗真圭《りようこうしんけい》を介し、千貫文だけは建仁寺に上納していたのである（『蔭涼』長禄二年五月六日条）。

なお、恵光はこの後、闕所処分が実施されるまでのあいだ、身柄を聖護院（天台宗寺門派門跡）に、家財一切を相国寺鹿苑院に預け置かれている（『蔭涼』長禄二年八月十六日条）。聖護院門跡が熊野三山

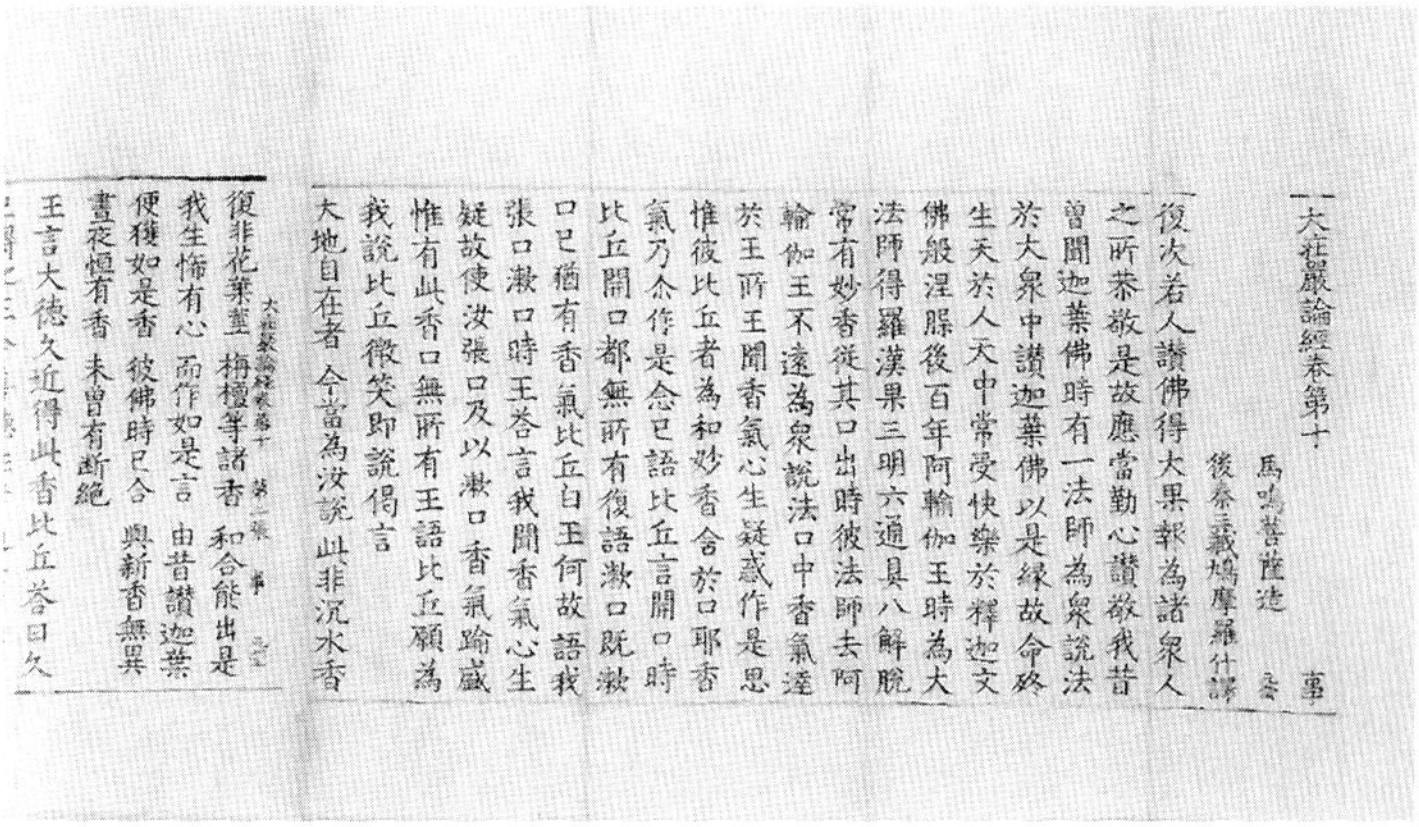

巻首

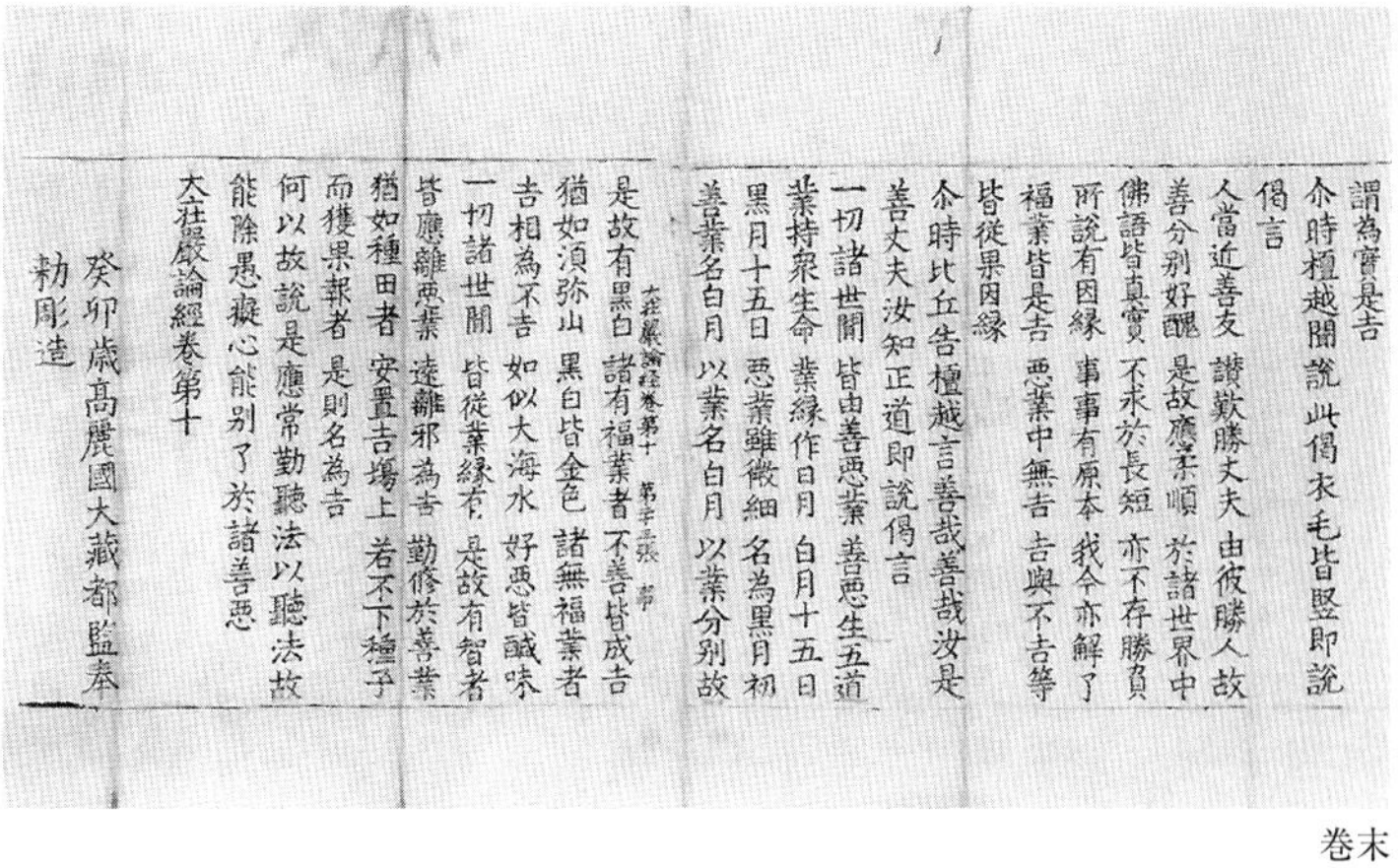

巻末

図５　建仁寺の高麗版大蔵経（大荘厳論経巻第十の巻首と巻末）
京都国立博物館『京都最古の禅寺　建仁寺』図録2002年より転載.

図6　建仁寺の高麗版大蔵経（黒漆塗経箱）
京都国立博物館『京都最古の禅寺　建仁寺』2002年より転載.

（本山派）検校《けんぎょう》を兼務する習いからすれば、恵光は、あるいは金融業を営むような山伏《やまぶし》であったかもしれない。熊野の山伏たちは、「熊野御初尾物」（上分）の米や銭を元手に、出挙《すいこ》利銭《りせん》といわれる金融を営んでいたからである（網野善彦『無縁・公界・楽』ほか）。

恵光のその後の消息は杳《よう》として知れないが、恵光および全密からの没収財貨は、約四千貫文に上ったという（『蔭涼』長享二年二月十三日条）。先の上納金千貫文と合わせると、建仁寺は、「高麗奉加銭」一万貫文のうち、およそ半額の五千貫文を回収できたことになる。これらが、最終的に建仁寺山門などの修造費に宛てられた（『蔭涼』同日条・長禄二年九月十五日条）。おそらく、これにて一件落着となったのであろう。

さて、この恵光による特賜着服事件は、ほんらいの正使雪岩永嵩の告発によって発覚した。その告発先は、おそらく、博多を押さえていた周防大内氏、あるいはそのもとで活動していた先の龍崗にちがいない。そしてこの告発の功によってか、帰国後に雪岩は建仁寺修造奉行に任じられ、建仁寺住持《じゅうじ》にも昇級している。

ところが面白いことに、この間、国書改竄そのものが問題となった形跡はない（『蔭涼』長享二年二月十三日条など参照）。あるいは、雪岩は国書改竄の事実を知らなかったのではないか。前段で見たように、遣朝鮮国書が室町殿から正使に直接手渡される必要がなく、第三者（ここでは経営負担者）が個人的に国書を帯同できたことを考えれば、これもさほど不自然な想定ではあるまい。使節一行は、国書箱の鍵も持っていたのだから、いつでも国書の箱を開けて国書を開き、印影を盗み取って改竄国書を作り上げられたはずだからである。

やはり、こうしたルーズな態勢こそ、遣朝鮮使行における国書の改竄や使者すり替えなどの不正行為が生じた最大の原因と言わねばならない。

遣朝鮮使船の経営システム

遣朝鮮使の経営・請負方式

建仁寺《けんにんじ》勧進船《かんじんせん》における全密・恵光不正事件は、それ自体とても興味深いが、遣朝鮮使船の経営構造を考えるうえでも示唆に富んでいる。この事件をもとに考えると、十五世紀後半の室町殿名義の遣朝鮮使節は、通常、請経・勧進主体の寺社側が独自に経営することになっていたのではなかろうか。資金繰りも使節団の人選も、すべて請経主体が自力でまかなっていたのだろう。

そして、一四八二年奈良円成寺《えんじょうじ》請経船の際、足利義政《よしまさ》から希望輸入品リスト（「従東山殿高麗国江被誂遣土産註文」）が円成寺に出されたように、室町殿＝公方家の貿易活動は、使行に便乗して付随的に行なわれるにすぎなかったと思われる。使行そのものに対する幕府の関与は、非常に限定的だったのではなかろうか。

遣朝鮮使の請負・経営者

十五世紀中葉、すなわち足利義政の時代以降において、どのような勢力が朝鮮王朝への請経や勧進（募縁）などを行なっていたのだろうか。日朝の史料から、はっきり分かるものを以下に書き上げてみよう（年号は使者が朝鮮に到達した年次。詳細は拙稿「室町政権と東アジア」所載の表を参照されたい）。

一四四八年	南禅寺	正使文渓正祐	大蔵経求請
一四五六年	美濃承国寺	正使承伝首座	大蔵経求請
一四五七年	建仁寺	正使永嵩西堂	勧進（実質的には請経）
一四五九年	美濃一宮	正使秀弥	大蔵経求請
一四六二年	多武峯寺	正使順恵？	大蔵経求請
一四六三年	天龍寺	正使俊超西堂	勧進
一四六八年	薬師寺	正使融円	勧進
一四七四年	高野山西光院	正使正球首座	勧進
一四八二年	奈良円成寺	正使栄弘首座	大蔵経求請
一四八七年	越後安国寺在田庵	正使等堅首座	大蔵経求請
一四八九年	般舟三昧院	正使恵仁	大蔵経求請
一四九四年	城南妙勝寺	正使元菊《げんきく》長老	勧進？

この一覧に挙げられた寺社勢力が、室町殿の名義を借りて、大蔵経を獲得したり貿易得分を得ていたわけである。それぞれの寺社が、どのようなコネクションを使って室町殿に接近したのか、具体的に分

かる事例は非常に少ない。むしろ今後の研究課題の一つとさえ言えるだろう。

ただし、右のなかでも特徴的なのは、一四五六年の美濃承国寺、一四五九年の美濃一宮への請経船派遣権利の付与である。間違いなく、美濃国守護である土岐《とき》氏（当時の当主は成頼《しげより》）が室町殿にはたらきかけて実現したものであろう。

この事例がとりわけ重要なのは、侍所所司《さむらいどころのしょし》を務める家柄で、幕府有力者というべき土岐氏が、独自に遣朝鮮使船を仕立てて朝鮮王朝に派船していないという事実である。前章（「偽使の登場」）の結論とも関わるが、当時の幕閣においては、独自に朝鮮通交を行なって大蔵経《だいぞうきょう》を求請《きゅうせい》するという発想自体、存在しなかったのではないか。つまり、朝鮮に大蔵経を求請する場合、室町殿（「日本国王」）の名義を借りるのが〝常識〟だったのである。

そして、この美濃守護土岐氏の家中の動向に注目すると、遣朝鮮使の請負・経営権利を獲得することは、領国《りょうごく》支配の一環でもあったようである。美濃承国寺のための請経船を送った一四五六年は、守護代の斎藤氏によるクーデタが起こった年であった。守護土岐持益《もちます》の嫡男持兼が夭逝《ようせい》したため、持益は、孫で持兼の子の亀寿丸を後継者に据えようとしていた。ところが、守護代の斎藤利永《としなが》により一族の成頼が担ぎ出され、結局、持益は押し込められ、その成頼が守護の座についた。時期的な一致から見て、不安定な要因を抱える土岐成頼—斎藤氏政権は、その持益が開基檀越《だんおつ》である承国寺を抱え込むべく、承国寺請経船を実現させたのではなかろうか。

この三年後に、土岐氏は美濃国一宮（南宮《なんぐう》）のための請経を行なうが、これも領国内に対する正統性のアピール（だめ押し）であったと考えられる。室町殿名義による遣朝鮮使船の派遣、そしてそれにもとづく大蔵経の獲得は、領国内での宗教的・政治的権威を守護に集中させる効果を期待できたのだろう。すると、こうした政治的メリットを呼び込むだけの要素が、室町殿名義の遣朝鮮使船には存在したということになる。これこそ、幕府にとっての対朝鮮外交の政治的効果と言えよう。

幕府側の利益は何だったか

あわせて考えておきたいのは、日朝外交関係における室町殿（「日本国王」）の名義貸し料である。その額の多寡によっては、幕府に経済的メリットも存在したことになる。まず考えられるのが、経営主体となった寺社や大名から幕府に対して支払われた「御礼」である。遣朝鮮使帰国後、しばしば幕府に対しては関係者から「御礼」が届けられた。ただし、その金額は十貫文から五十貫文まで、品目も銭に限らず輸入染織など、史料によりさまざまである。このような定式化していない「御礼」は、あくまでも特別な〝懇志〟だったのであり、大蔵経が無事届いたことを幕府に報告する、挨拶がわりの贈与だったのではないか。

ついで考えられるのが、朝鮮王朝からの回礼品の納入・獲得というメリットである。遣明船においては、明皇帝からの回賜品が幕府に必ず納入されることになっていたが（小葉田淳『中世日支通交貿易史の研究』）、それと同じように、朝鮮王朝からの回礼品は幕府に必ず納入されたようである。帰国後の回礼品納入は、義務となっていたのであろう（『看聞日記《かんもんにっき》』永享三年〈一四三一〉七月二十八日条・『蔭凉軒日《いんりょうけんにち》録《ろく》』長禄四年〈一四六〇〉三月十日条・同長享元年〈一四八七〉十二月二十四日条・『実隆公記《さねたかこうき》』延徳二年〈一四九〇〉七月十日条参照）。これは、朝鮮王朝の回礼品を書き上げた朝鮮国書・別幅一式が、幕府・五山の外交事務局ともいうべき蔭凉軒（京都五山相国寺鹿苑院内）に集中管理されていたこととも符合する。つまり、大蔵経を除く朝鮮からの返礼品を、幕府—五山側でチェックし、公方の蔵に納めたのである。

こうした「高麗物《こうらいもの》」ないし「唐物《からもの》」が、幕府室町殿の経済的得分（名義貸し料）の一角を占めたことはおそらく間違いない。

室町幕府の経費負担？

それでは、朝鮮からの回礼品を引き出すために、日本からはどれほどの土産品を準備していくべきものだったのだろうか。また、それはどのように準備されたのであろうか。そこでここでも、遣明船貿易における経営構造のありかたを参考にしてみよう。

応仁度や明応度の遣明船の関係史料には、比較的詳細な情報が残されている。それによると、遣明船の各船の経営者（幕府から勘合を請け取って使船を経営する大名や寺社など）は、その船に乗り合わせる商人から乗船賃や荷駄賃を徴収し、勘合礼銭や朝貢品、船の借り上げなどの総経費を賄っていたという（『戊子入明記』・『鹿苑日録』明応八年八月六日条）。

こうした遣明船貿易のあり方をみると、室町殿名義の遣朝鮮使船において、幕府自身が朝鮮への礼物（土産物）を負担したとは考えがたい。素直に考えれば、遣朝鮮使船を経営・請負する主体の側こそ、こうした礼物の経費を負担したのではないか（もちろん、その先にさらなる転嫁があったことは当然想定されるが）。つまり、幕府の経費負担は事実上ゼロであって、先の推測の通り、名義貸し料としての回礼品および帰国後の「御礼」が幕府の経済的得分になったのである。

朝鮮への礼物はどのように準備されたのか

遣朝鮮使船のもたらす礼物（土産物）は、遣朝鮮国書の別幅に載せられた。それゆえ、別幅は進物《しんもつ》注文とも称される。先に述べた通り、進物の経費を使船経営主体が負担するとしても、そのモノ自体はどのようにして決められ、発注・作成されたのであろうか。ここでは、経費負担の問題ではなく、モノとしての進物がどのように準備されたのかについて見通してみたい。

　朝鮮への礼物の内容は、請経主体の寺社が勝手に決められるものではなかった。その請負寺社の別奉行（裁判のときの専属の幕府政所奉行人）と蔭凉職とが相談のうえ、品目を決定する習いだったようである。

　たとえば、一四六六年興福寺金堂勧進船の例では、「賜物の次第、先規を以て、先《ま》ず飯左〔興福寺奉行の飯尾左衛門大夫（のち肥前守）之種〕と之れを談ず。之れを〔公方足利義政に〕伺うに及ばず」とあり、興福寺奉行の飯尾之種と蔭凉職亀泉集証《きせんしゅうしょう》とが進物注文の内容を決定した（『蔭凉』寛正六年十二月十七日条）。また、一四八六年の遣朝鮮使船（越後安国寺在田庵請経船）からは、いわゆる唐船奉行の飯尾大和守元連が別奉行にかわって幕府と経営主体との窓口となった。

　そして、一四八八年の遣朝鮮使船（般舟三昧院請経船、『翰林葫蘆集』）では、遣朝鮮使節の使者の名字や蔵経求請などの書立などとともに、「別幅草案」が唐船奉行の飯尾元連から蔭凉職亀泉集証に送られた（『蔭凉』長享二年三月二十七日条）。使者が経営寺院側の決定事項であったという先の推測が裏づけられるわけだが、ここでは、飯尾方が進物の内容を事実上決定していたことにも注目したい。なお、ここで唐船奉行に任じていた飯尾元連が登場しているのは、一四八六年越後安国寺在田庵請経船（『善隣』巻下11号）以降、各寺社担当の別奉行でなく、唐船奉行に事務が一本化されるようになったからである。おそらく、請経主体の在田庵が越後安国寺の一塔頭《たっちゅう》にすぎず別奉行が配されていなかったため、便宜的に奉行衆の最有力者飯尾大和守の担当となったのであろう。幕府としても、遣朝鮮使船経営主を手広く募集するために、個別寺院の別奉行による担当でなく、飯尾大和守方を窓口（口入れ先）とする方針に転換したのではないか。

同様に、足利義材《よしき》代始めの一四九〇年遣朝鮮使船（筑前妙楽寺請経船、『続善隣』12号）の場合も、唐船奉行の飯尾元連が別幅の内容を決めている。この事例で興味深いのは、進物の質・量ともに不足であると蔭凉職亀泉集証が主張し、二度も変更が加えられた点である（『蔭凉』延徳二年九月三十日条・十月九日条）。この亀泉の〝こだわり〟の由来は、前日の室町殿の御前での議論における、「将軍の代始めなのだから朝鮮国と信頼関係を築くべきであり、それなりに礼儀を厚くしなくてはならない」という彼の主張（『蔭凉』延徳二年九月二十九日条）に尽くされている。外交事務をあずかる者としての矜持《きようじ》があらわれていると言ってもよいだろう。

このようにして決定した礼物の内容を、おそらくは政所から各所・職人に発注をかけ、その支払いを使船の経営・請負主体に回したものと考える。政所や蔭凉軒が関与するのは、間違いなく、進物の品目や質を維持・保障するためであった。彼らは、言わば、礼物の監理役だったのである。

幕府朝鮮外交システムの特徴

以上見てきたところによれば、「日本国王使」すなわち室町幕府の遣朝鮮使といっても、内実は請経・勧進主体の寺社任せで、将軍権力とははなはだ疎遠なものであった。国書改竄や使節すりかえ、使船水増しなどの不正行為は、だからこそ惹起されたわけである。そういう意味では、幕府の遣朝鮮使船において、真使と偽使とのあいだの距離は、それほど大きくなかったと言うべきであろう。

逆に言えば、〝室町幕府の遣朝鮮使〟という大枠のみから、幕府の直接的経営の産物であるかのように「日本国王使」をとらえることは不適切と言わざるをえない。ましてや、とくに十五世紀中葉以後の遣朝鮮使について、室町殿の直々のメッセンジャーであるかに見ることは、あまりに単純素朴にすぎるだろう。真使と偽使とが隣りあう、あるいはグレイゾーンの余地を大きく残す曖昧なものとして、室町幕府の朝鮮外交システムは捉えるべきなのである。

室町幕府の朝鮮観

これまで、室町幕府の対朝鮮外交体制について詳しく見てきた。次にはそれをふまえ、幕府の朝鮮観についても考えておきたい。

過去にも朝鮮蔑視観の存否については論争があったが、あらかじめ私の結論を述べておくと、幕府・五山周辺には、朝鮮蔑視観が確かに存在していた。ただ、念のために付言しておくが、「だから現代のわれわれ日本人も蔑視観をもつのが伝統的で素晴らしいことなのだ」などと言うつもりは毛頭ない。むしろ逆の意図を込め、差別意識の克服を目指していることを銘記しておきたい（村井章介『アジアのなかの中世日本』補論1や本書「日朝牙符制のくびき」なども参照）。

朝鮮観を論ずることの意味

さて、この朝鮮観論争が学界内での論争にすぎないなら、それほど目鯨をたてる必要はないだろう。しかしながら、教育界や一般社会にも多少の影響が見られるとすれば、放っておくべきではあるまい。

駿台予備学校の日本史科講師、塚原哲也氏の御教示によると、高校教科書や概説書の類でも、「将軍をはじめ（中略）多様な人びとが朝貢という形で通交した」とさらっと書いているものがあるそうだ

（氏の運営するウェブサイト「つかはらの日本史工房」も参照）。そのため、明皇帝に対してだけでなく、朝鮮国王に対しても室町殿は朝貢していた、と理解してしまう生徒もいるとのことである。さらに、こうした歴史理解では、室町幕府は朝鮮に「朝貢」していたのに、豊臣秀吉の段階になって突然、朝鮮に攻め込むというストーリーになってしまいかねない。日本の為政者層における対朝鮮観の転換が想定されねばならないわけだが、そうした議論や歴史的事実は聞いたことがない、とも塚原氏は指摘する。対外関係史を通時的に考えていくうえでも、非常に重要な問題ではなかろうか。

ただ確かに、将軍以外の多様な人びと――ある教科書によれば「管領《かんれい》や大内・大友・宗氏などの守護、対馬・壱岐《いき》・松浦《まつら》地方の武士たち、商人や僧侶など」（『新日本史』山川出版社）――が、朝貢的な姿勢をもって朝鮮に通交し、こびへつらっていたことは間違いない。しかしながら、たとえばここに見える「管領」以下の朝鮮通交は、果たして真実ありのままの出来事だったのだろうか。本書「偽使の登場」の章でも確認したように、大概が偽使による通交・貿易だったのではないか。ニセモノだから臆面もなく繰り出せる卑屈な態度、というのもあっただろう。

また、朝貢的姿勢を見せていたことをいかに評価するかも、実は厄介な問題である。本音のところでは相手を侮蔑していても、モノ・カネ欲しさにわざと低姿勢に出ることなど、古今東西見られることではないか。そもそも、外交や貿易ほど、二枚舌が要求される世界はないだろう。

中世日本人の朝鮮観に関しては、このように難しいハードルがいくつも存在する。しかし、可能な限り客観的なデータによって見通しをつけていくことには、やはり意味があるだろう。

そして、当時の日本社会の中核を占めていた室町幕府や京都五山に朝鮮蔑視観が存在していたことは、無視できないと思われる。京都以外の地域や後続の時代に、多大な影響をもたらしたことが想定されるからである。それはたとえば、塚原氏が示唆するように、豊臣政権の朝鮮侵略やその思想的背景を考えるだけでも十分であろう。歴史的な差別や蔑視を克服するためには、そこから目を背けず、正面から掘り起こし、そして掘り崩していくことこそ、やはり重要なのではないだろうか。

なお、念のため付け加えておくが、私は、室町時代の日本を朝鮮蔑視観が完全に覆い尽くした社会であったと考えているわけではない。周防《すおう》大内氏のように、祖先が百済《くだら》の琳聖《りんしよう》太子であったという由緒をもつ武家の例も知られている（須田牧子『中世日朝関係と大内氏』など参照）。こうした例に照らしてみれば、朝鮮蔑視観だけで室町日本の朝鮮観・対外観を説明することは不可能、というより不適切である。そして先にも見たように、朝鮮王朝から大蔵経を請来するなど、さまざまな文物や経典類が日本には持ち込まれていた。こうした現象は、単純な蔑視観だけでは説明することができない。朝鮮物（高麗物）をたっとぶ風潮があったことともまた事実なのである。

そうなると、一見、矛盾にすら見えるこうした現象を、どのように解きほぐせばよいのか。朝鮮観の問題と、文化交流の歴史とを併せ考えてみる必要があるだろう。そこでこの節（「室町幕府の朝鮮観」）では、まず前者の問題、室町幕府・京都五山周辺における朝鮮蔑視観の問題を考えてみたい。そして一方の後者の問題、日朝間の文化交流史については、次の「文化交流と偽使問題」の章に全面的に譲り、その最後に、蔑視と憧憬《しようけい》とのあいだの〝矛盾〟という難問に立ち戻ることとしたい。

表1　起草僧と清書僧との組合せ

清書僧が判明する国書	起草僧	清書僧	典拠(『蔭凉軒日録』)
1474年（『善隣』巻中38号）	横川景三	益之宗箴(蔭凉職)	文明18年7月2日
1486年（『善隣』巻下11号）	横川景三	横川景三	文明18年7月2日
1488年（『翰林葫蘆集』）	景徐周麟	横川景三	長享2年4月22日
1490年（『続善隣』12号）	景徐周麟	景甫寿陵(景徐法嗣)	延徳2年10月9日・明応元年9月3日
1492年（『蔭凉軒日録』明応元年8月27日条）	月翁周鏡	大川周孚(月翁法嗣)	明応元年9月3日

最初に、前段でも検討した遣朝鮮国書に注目しよう。国書が作成されるプロセスに、幕府・五山周辺の朝鮮観が透かし見えるからである。

遣朝鮮国書の料紙（用紙）

遣朝鮮国書の草案が確定すると、当然のことながら清書（浄書ともいう）に廻すのが常であった。清書は起草僧本人が行なうこともあったが、身近な能筆の僧を選んで清書させる場合も少なくなかった（表1参照）。重々しい文面と立派な字姿の国書をつくり、日本国の体面を損なわないようにしたのであろう。

国家の体面を重んずるといえば、国書の料紙《りょうし》（用紙）そのものも重要な要素であった。吹けば飛ぶような薄くて軽い国書では、重厚感が出せなくなってしまうからだ。遣朝鮮国書は、「書契」（書簡）一幅と「別幅」（進物注文）一幅との合計二幅から構成されていたが、それぞれそれなりの紙質・厚さ・重みをもっていなければならなかった。現在確認できる日朝間の国書の現物や、『蔭凉軒日録』の記事などから推測すると、紙が三、四枚程度貼り合わされて一幅の料紙が作られていたようである。そして、正幅（書契）と別幅（進物注文）との料紙二幅は、清書に廻される前に蔭凉軒などであらかじめ折り目をつけられた（『蔭凉延徳二年十月八日条）。清書の際、文字の配列に関係するからである。

図7　横川景三『補庵京華前集』所収一四七二年朝鮮国書　『善隣』中三七号文書。

なお、その国書の折り方に関しては、一六一七年朝鮮国王返書について説明した『異国日記』上巻に、「ひたひたと……奥より巻く」とある。要するに、書契（外交文書）の奥（左側）から、巻き込むように折ることになっていたわけである。そして、巻止めの方法が独特であった。先の『異国日記』の記事には、続けて、「上の真中にて巻とむる」と記されている。つまり、最後に折り幅の半分だけが重なる境目（「合衿」）が生じたわけである（図7参照）。後述の通り、この「合衿」の部分に、室町殿の印鑑が捺されるのである。

韓国の国史編纂委員会に多数所蔵されている近世の日朝外交文書の実物を見ると、同じように別幅も奥から巻き込み式で折り目をつけ、正幅の上に重ねたうえで二枚ともに折り畳んでいる様子が確認できる。もちろん、正・副いずれも、折り目に字がかかるようなことはない。外交文書において、そんなみっともないことは許されなかったのであろう。

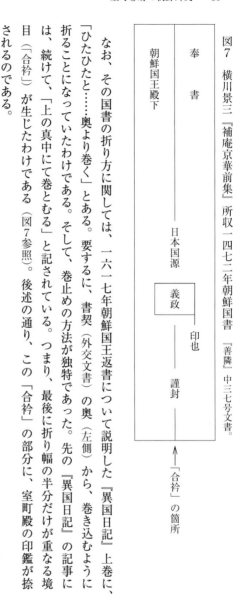

表2　「徳有鄰」印の所在管理

年　　月	所在管理・移動	典拠(『蔭凉軒日録』)
1458年12月	蔭凉軒（季瓊真蘂）	長禄2年12月14日
1462年2月	御倉（公方御倉か）に返却	寛正3年2月29日
1466年2月	公方御倉より出納か	文正元年2月28日
1485年10月	栖老軒（前蔭凉職益之宗箴）	文明17年10月16日
1486年5月	栖老軒から現蔭凉軒（亀泉集証）へ	文明18年5月29日
同　年7月	蔭凉軒	文明18年7月17日
1490年10月	同　上	延徳2年10月9日
1492年9月	同　上	明応元年9月6日・8日

さて、国書の完成に至る最終的な段取りが、国書への捺印である。どのような印鑑を、誰がどこでどのように国書に捺したのか。この問題は、その外交文書の位置づけ、あるいは文書と発給者（名義人）との関係を考えるうえで無視できない点と言ってよかろう。

遣朝鮮国書への捺印

当時の史料によると、遣朝鮮国書に捺された室町殿の印鑑は、材質が桜で、「徳有鄰」と陰刻された朱印のことであった（田中健夫『対外関係と文化交流』、佐伯弘次「室町前期の日琉関係と外交文書」、本書カバー背表紙写真参照）。この「徳有鄰」を捺す箇所は、遣朝鮮国書（正幅・別幅）の場合、正幅（書契）の、①冒頭部分・②末尾部分それぞれの自称の諱《いみな》の上、③「合衿」の封（境目部分）の諱の上（図7参照）、④別幅の一箇所、というように、計四箇所であった（『善隣』巻中37号）。

それでは、この室町殿の印鑑「徳有鄰」はどこに保管され、誰が捺印したのであろうか。

「徳有鄰」の所在管理を調べてみると、表2のようになる。同表を見ればすぐに分かるように、「徳有鄰」の印鑑は、公方御倉にあるよりも蔭凉軒御倉にあることの方が多かった。とくに、一四八五年から翌年にかけて、現職でなく前任の蔭凉職が保管している場合もあった点に注目すると、基本的に、「徳有鄰」印は、室町殿本人よりも蔭凉職が管理する慣習であったことが判明する。つまり、遣朝鮮国書の作成が蔭凉職の専管事項となった一四六六年（六〇ページ参照）以降、常態化したと考えられる。

さらに、この「徳有鄰」の捺印を行なったのが誰かを見てみると、公方御前の場合は不明だが、蔭凉軒に「徳有鄰」があった場合、確認できるものは、すべて室町殿でなく蔭凉職自身かその会下《えか》の僧（弟子）であった。つまり、問題の「徳有鄰」印は、室町殿の秘書官的存在である蔭凉職やその代理人が捺印しうる程度の扱いだったのである。室町殿は、一切関わっていない。

これに対して、遣明表などに捺される「日本国王之印」（明皇帝から冊封《さくほう》時に賜与された金印のこと）は、公方御倉に厳重に保管されていた。そして、実際に印を文書に捺すのは室町殿の御前に限られていたし、室町殿自身が捺印する場合もあった。つまり、金印、ひいてはそれを捺印する遣明表は、相当に重要視されていたのである。もはや、遣明表・金印「日本国王之印」と遣朝鮮国書・桜木製印「徳有鄰」とのあいだに横たわる差は、歴然と言ってよかろう。

なお、「徳有鄰」は遣朝鮮国書のみならず、琉球《りゆうきゆう》王国への外交文書（和文の御内書様式）にも捺されたが、琉球への国書にも蔭凉職が捺印していた例が知られる（『蔭凉』長禄二年十二月十四日条）。結局、外交相手先の朝鮮も琉球も、その程度の格付けしか与えられていなかったのである。その理由としては、対朝鮮・琉球外交業務がかなり日常的であったこともあるだろう。だが、遣朝鮮国書やそれに捺印する「徳有鄰」印に対する非常に軽い扱いを見る限り、室町殿や京都五山の周辺にあった朝鮮・琉球への軽視・蔑視観がここに少なからず影響していたと解釈するのが自然ではないか。

遣朝鮮使は室町幕府に復命したか

さらに、遣朝鮮使が帰国後に幕府に復命したかどうかも確認しておこう。現在、われわれが公務や社用で出張すると、命令権者への復命の義務があるが、果たして、遣朝鮮使節たちには室町殿への復命の義務があったのだろうか。

遣明使の方は、中国からの帰国後、室町殿に謁見するのが通例だったようである（『蔭凉』文明十八年五月二十九日条など）。ところが、遣朝鮮使は、帰国後、幕府に復命した形跡がない。道中の土産話をしに、夢窓《むそう》派《は》華蔵《けぞう》門派僧の等堅（梵堅とも）が蔭凉軒に季瓊真蘂《きけいしんずい》を訪れたことが目につく程度である（『蔭凉』長享二年三月三十日条）。おそらく、幕府・五山が遣朝鮮使行に密接に関与していた可能性のある室町前期ならともかく、十五世紀中葉以降の室町中・後期になると、使者たちの室町殿への復命の義務はなかったと見てよいだろう（十五世紀前半ですら、身分的にありえなかったと私は考えているが）。

もちろん、大蔵経や勧進銭を獲得した彼らは、経営請負主体にそれを上納すべく、復命報告をしたと考えられる。だが、外交名義人の室町殿には、使行完了の挨拶すらしなかったのである。これは、遣朝鮮使が出発時に「御暇請」をしなかった（できなかった）ことと相通ずるといえよう。

五山僧たちの〝見識〟

請経主体ではなく、京都五山で外交実務に携わるような文筆僧にとっては、先述の通り、手元に保存・集積される国書のやりとりこそが、「交隣」・「通好」そのものであった。たとえば、筑前妙楽寺の請経で準備が始まった一四九〇年国書（『続善隣』12号）は、亀泉の主張によって請経がいったん取り止めになった稀有な事例である。彼の主張の根拠は、一四八六・八八年の遣朝鮮使節に対する朝鮮返書二通に、「ほぼ大蔵経が尽きた」と記されている点にあった。「今又た蔵経を求めらるるの事、然《しか》るべからざるか。殊に御世始、始めて信《よしみ》を通わさるれば、則《すなわ》ち旁《かた》がた以て宜《よろ》しからざる也」（『蔭凉』延徳二年九月二十九日条）という彼の発言からは、代始めの将軍義材《よしき》の権威に傷がつかないよう、細心の注意を払っていた様子が見てとれる。ところが、最終的には、義材の父、義視《よしみ》サイドの曇華院《どんげいん》の意向で博多妙楽寺の請経が復活・実現してしまう（『蔭凉』延徳二年十月三日〜四日条）。亀泉の配慮は空回りに終わったわけであり、その無念たるや察するにあまりある。

また、一四九二年国書（『蔭凉』明応元年八月二十七日条）の作成に際して亀泉は、前回の遣使（一四九〇年）に対する返書を得てから国書の準備を始めるべきとの主張をたびたび行なっている（『蔭凉』延徳四年七月九日・十日条）。フライングをして両国の意思疎通に問題が生じてはいけないという、至極まっとうな判断といえよう。

ただし、外交事務担当者のこうした不安は、幕府の対朝鮮外交そのものにひそむ一種の後ろめたさによるものでもあった。いまだ遣朝鮮国書起草僧選任が鹿苑僧録の職掌であった段階の一四五九年、鹿苑僧録の瑞渓周鳳《ずいけいしゅうほう》は、蔭凉職季瓊真蘂を介し、「高麗国への通書、近来頻繁〔なること〕、然《な》りと為さず（よろしくない）」と室町殿義政に進言していた（『蔭凉』長禄三年八月二十日条）。こうした発言からは、五山僧たちの朝鮮王朝側への配慮を読み取ることも確かに不可能ではないが、それよりもむしろ、朝鮮に頻繁に無心ばかりしている幕府の厚かましい態度に苦言を呈したものと解するべきだろう。まがりなりにも、幕府外交に関する五山僧たちの〝見識〟がうかがえるようである。

朝鮮使節の接遇システム

室町幕府の朝鮮観を見るうえで、もっとも直截《ちょくせつ》的な材料は、朝鮮使節の来日時の受け入れ体制であろう。とりわけ、当時「賓礼《ひんれい》」と呼ばれた外交儀礼・接遇システムは、そもそも幕府の威勢を可視化することに主眼があったから、幕府の対外観・朝鮮観がはっきりとあらわされていた（拙著『中華幻想』第Ⅶ章参照）。

室町幕府は、異国の使節が来日すると、まず博多・赤間関《あかまがせき》（下関）・兵庫の三地点の要所でこれをチェックするのが通例であった（『老松堂日本行録』、関周一「朝鮮王朝官人の日本観察」）。ところが、室町幕府自身による朝鮮使節警固の明確な発動事例はまったく見られない。むしろ、一四四三年通信使卞孝文《べんこうぶん》一行のために独自に警固船を手配した周防大内氏の動きは対照的である。要するに、室町幕府は朝鮮使節の警固に関してかなり消極的であり、逆に大内氏は非常に積極的だったのである。知られる通り、「自力救済」が日本の中世社会の〝常識〟であったわけだが、室町幕府は、朝鮮使節に対してもその〝常識〟を押しつけていたことになる。

そして、兵庫に上陸してからの行李《こうり》運搬や接待全般に関しては、管領家斯波氏や播磨守護赤松氏などが担当していたようである。幕府中枢部が一丸となって朝鮮国王使の接待に邁進していた……と言えないこともないのだが、むしろ、幕府将軍家が使節接待に消極的であったことの裏返しである。

ところで、一四二〇年回礼使通事の尹仁甫《いんじんほ》が朝鮮に帰国した際、「国に府庫無く、只だ富人をして支待〔接待〕せしむ」（『朝鮮世宗実録』二年十月癸卯条）という報告をもたらしている。この場合の「富人」は、第一義的には斯波氏らの大名《たいめい》を指す。彼らは、接待経費用とおぼしき国役や守護出銭を、室町殿に供出させられていた（『康富記』嘉吉三年五月六日・六月十二日条）。もちろんこの経費は、第二義的にはさらに下層に転嫁されていた可能性が高い。なおかつ、各守護領国の荘園・料所や、その請負を行なっていた京都の高利貸たちなど、多くの人間に経費を融通してもらっていたのではなかろうか。

なお、右に引いた『朝鮮世宗実録』記事中の「支待」の部分に、多くの研究者が「支持」とルビを振ったり勝手に書き直したりしている。しかし、これは、幕府財政の脆弱さを念頭に置いた思い込みにもとづく誤読である。右の〔　〕内に注記したとおり、「支待」とは、接待・接遇を意味する。この点、学界ですら誤解が横行しているので、とくに注意を促しておきたい。

朝鮮使節の室町殿謁見儀礼

容易に推察される通り、朝鮮使節を引見するときも、室町殿は非常に高圧的であった。一四三九年、通信使高得宗らを将軍義教《よしのり》が室町第で引見し、朝鮮国書を捧呈されたときの場面を確認しておこう。

高麗通信使、殿中に参る。乃《すなわ》ち南面欄中に於いて三拝して書を奉る。貢する所の方物件々、之れを正実坊《しょうじつぼう》御倉《おくら》に納め、書幷びに別録〔国書の正幅（書簡）および別幅（礼物リスト）〕は則ち当寮〔蔭涼軒（当時は季瓊真蘂）〕に在《お》く。（『蔭涼』永享十一年十二月二十六日条）

これによると、通信使高得宗らは、室町第の主殿南面庇部分に陞《のぼ》り、そこで国書を義教に捧呈したという。そしてこのとき、通信使は義教に三拝しており、かなりの低姿勢であったこともうかがえる。儀礼終了後、朝鮮からの礼物（土産物）は公方の御倉へ、国書の類は蔭涼軒へ、引き渡された。

ここで私がもっとも強調しておきたいのは、このような低姿勢を過去の通信使がとったからといって、現代の韓国人や日本人が卑屈ないし尊大になる必要はない、ということである。万事融通の利かない私などから言わせると、彼らの臨機応変な姿勢には、むしろ感心させられる。要するに、外交には〝遊び〟や〝腹芸〟が必要なのである。それが理解できなくては、外交史の研究は不可能と言ってもよかろう。

ところで、こうした〝卑屈〟な外交儀礼は、朝鮮側史料に残されることはなかった。だが、仮に残されていたとしても、何ら問題はなかっただろう。たとえば、十八世紀前半期、朝鮮から来た通信使が徳川将軍謁見時に四拝礼を行なった際、その四拝は将軍に対するものではなく、将軍の目の前に置かれた朝鮮国書に対するものだと解釈されていたからである（新井白石「朝鮮信使進見儀注」など参照）。しかも池内敏氏によれば、その〝解釈〟を、日朝双方で暗黙裡に了解していたらしい（池内『大君外交と「武威」』第五章）。このように、儀礼とは、まことに融通無碍なしろものであった。

足利義教の『神功皇后絵巻』奉納

室町殿、わけても足利義教の対朝鮮観を考える際、絶対に忘れてならないのが、彼の『神功皇后《じんぐうこうごう》絵《え》巻《まき》』奉納である。彼は、永享五年（一四三三）四月二十一日付け（奥書）で、石清水《いわしみず》・誉田《こんだ》・宇佐《うさ》の八幡宮三社に対し、それぞれ同絵巻を上下巻一本ずつ奉納している（誉田八幡宮本〈図8・9参照〉のみ現存しており、宇佐本・石清水本はいずれも焼失）。

この『神功皇后絵巻』は、上巻にいわゆる神功皇后の「三韓征伐」の荒唐無稽なストーリーを描き、下巻に新羅《しらぎ》王の服従、凱旋した皇后による応神《おうじん》天皇の出産、崩御した応神天皇が八幡大菩薩として垂迹《すいじゃく》するまでの経過を収める。八幡信仰はいうまでもなく「清和源氏」のアイデンティティの根幹に関わるものだが、一度に三箇所の八幡宮へ神功皇后縁起（絵巻）を奉納したことは空前絶後であり、義教の強い意志が感じられよう。もちろん、応仁・文明の乱以前の祇園祭《ぎおんまつり》の山鉾巡幸《やまほこじゅんこう》に「しんくくわうくう（神功皇后）の舟」（「祇園会山鉾事」、河内将芳『中世京都の都市と宗教』）が見えるように、室町人たちにとってもこの神功皇后説話は馴染み深いものであった。

ただし、同絵巻の奥付日付の背景についてはよく分かっていない。たとえば、室町殿歴代が作成した

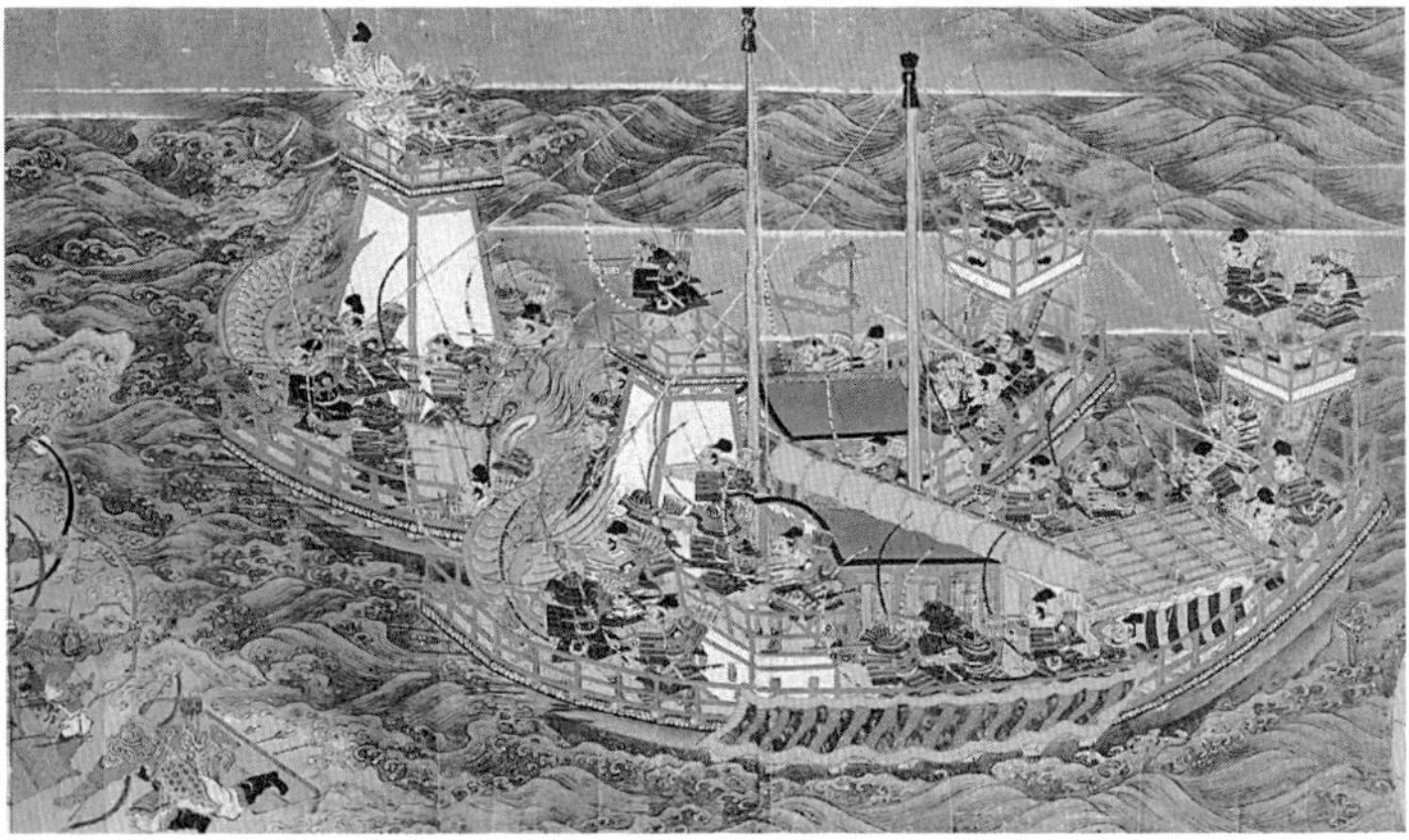

図８　『神功皇后縁起絵巻』下巻（1433年，大阪府・誉田八幡宮蔵）
『絵巻物集　羽曳野市史文化財編　別冊』より転載.

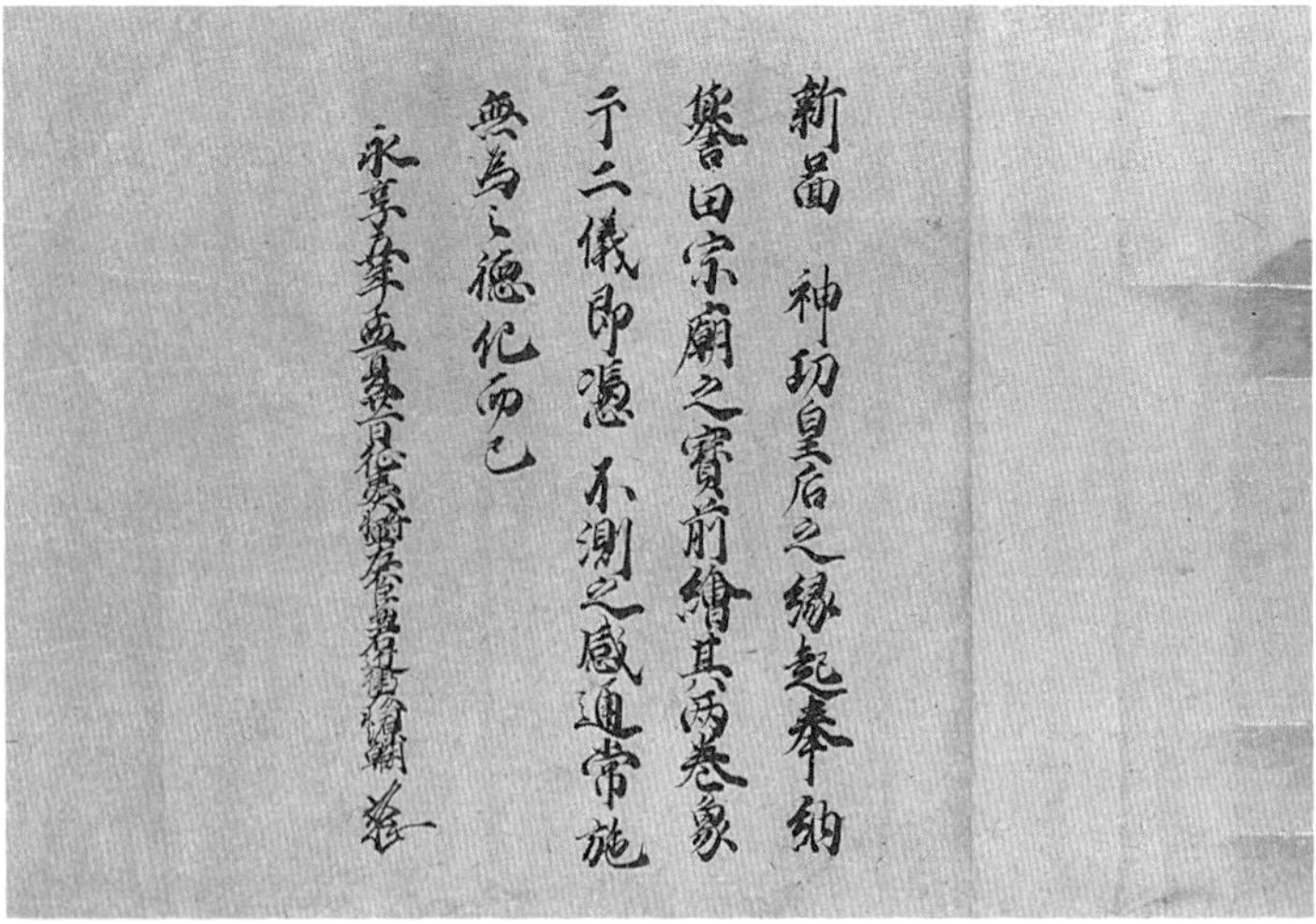

新畫　神功皇后之縁起奉納
誉田宗廟之寶前繪其両巻象
于二儀即憑　不測之感通常施
無為之徳化而已
永享五年五月廿一日征夷大将軍左大臣源朝臣義教

図９　『神功皇后縁起絵巻』足利義教自筆奥書（1433年，大阪府・誉田八幡宮蔵）
『絵巻物集　羽曳野市史文化財編　別冊』より転載.

『融通念仏縁起絵巻』では、絵巻中の染筆の日付が、各室町殿の祥月命日と一致しているため（明徳版は義詮の二十三回忌、清涼寺本は義満の七回忌に合致）、その作成の目的等はかなりはっきりしている。これと比べると、由縁不明な『神功皇后絵巻』はきわめて対照的である（髙岸輝『室町絵巻の魔力』）。ただいずれにせよ、三社同時奉納という事態は、義教の何らかの意図や思惑をうかがわせるだろう。なお、鶴岡八幡宮に奉納されなかったことから、鎌倉府との対抗関係を読み取る意見もある。

ところで、ちょうど同じころ、前年の永享四年末から、朝鮮国王使（回礼使）の李芸《りげい》一行が入京・滞在していた。そして永享五年正月二十六日に、義教が李芸らを室町殿に引見している（『看聞日記』『薩戒記』など同日条）。その後、四月十三日、この回礼使一行は京都から帰還する途中に瀬戸内海で海賊に襲われ、日本国書啓・礼物・貿易雑物などを略奪されてしまう（『朝鮮世宗実録』十五年六月戊子条）。通信使が京都へと向かう往路では、通常、室町殿の警固命令が出されたようだから（『朝鮮世宗実録』二十五年〈一四四三〉十月甲午条参照）、この帰路での海賊遭難事件は、朝鮮使節らを厳重に警固せよとの指令を義教が出さなかった可能性を示唆するだろう。こうした点から、『神功皇后絵巻』と義教の朝鮮蔑視観とを結びつけたくなるのは、牽強付会であろうか。

その見解の当否はともかくとして、義教の対朝鮮観は厳しく、排外意識が相当に強かったことが推察される。大蔵経板までをも朝鮮から貰い受けようとした足利義持の〝積極的〟姿勢――しかしその先には経板獲得後に朝鮮外交をストップしようとする消極的姿勢があったとおぼしいが――に比して、その排外姿勢はさらに先鋭化していたといえるだろう。そして、このことを前提においてみると、ほかならぬ義教が、将軍在職中わずか一度しか遣朝鮮使を派遣していないことも実に納得がいく。

そして、関周一氏や伊藤幸司氏が指摘しているように、義教期の対朝鮮外交への消極的姿勢を補ったのが、博多商人の宗金であった。日朝間の国交交渉を積極的に担うことによって、宗金ら博多や対馬の貿易商人のもとに外交や貿易のノウハウが蓄積されていった（関前掲論文・伊藤「日朝関係における偽使の時代」）。その応用型が、おそらくはこれまでも見てきたような、〝偽使の技法〟だったのである。

文化交流と偽使問題

朝鮮からの輸入大蔵経

蔑視とあこがれの同居

これまで見てきたように、室町幕府や京都五山の周辺には、朝鮮蔑視観が色濃くこびりついていた。だが、その一方で、彼らが朝鮮からの輸入品を歓迎していたこともまた事実である。なかでも、朝鮮からもたらされる大蔵経《だいぞうきょう》は、垂涎《すいぜん》の的であった。ここには、朝鮮に対する蔑視・軽視と、朝鮮物（高麗物《こうらいもの》）に対する憧憬《しょうけい》・重視とが同居している。一見相矛盾するこの二つの視線は、いかにして併存しえたのだろうか。われわれは、こうした事態をどのように総合的に理解すればよいのだろうか。

そこで、この章では、まず具体的に、朝鮮からの請来物、あるいは朝鮮との文化交流の足跡について追いかけてみることにしたい。興味深いことに、日朝間の文化交流をつぶさに見ていくと、朝鮮に渡った偽使が重要な役割を果たしていることが少なくない。偽使の不自然な言動が朝鮮側の目にとまり、記録に残されたためであろう。〝辺境史としての偽使問題〟（本書「プロローグ」参照）という視角の効用の一つである。

まずは本節で大蔵経の輸入とそのメカニズムを探り、つづく次節で絵画や彫刻といったモノの行き来について考察することにしたい。そして本章の最後に、〝蔑視と憧憬の同居〟という所期の問題に立ち戻ってくることとしよう。

中世日本における大蔵経輸入（概観）

先行研究によると、十四世紀末〜十六世紀前期の約百五十年のあいだに、朝鮮半島から日本へ、五〇部前後の大蔵経（一切経）が請来《しょうらい》されたという（村井章介『アジアのなかの中世日本』第Ⅸ章・須田牧子『中世日朝関係と大内氏』第三章など参照）。ただしこれは記録上の数値であり、記録に残されなかったもの——たとえば倭寇の略奪品・購入品——もあるだろう。推測の域を出ないが、五〇部をかなり上回る数の大蔵経が日本に持ち込まれていた可能性が高いと思われる。

先行研究を参考に、史料上判明する限りの大蔵経の請来事例を一覧してみよう（表3参照）。ここで注意しなければならないのは、朝鮮半島から請来されたからと言って、すべてが高麗版（高麗王朝の作った木版による冊子型の刷り物）とは限らなかったという事実である。この点は、一般に誤解されているようなので、とくに注意を促しておきたい。

朝鮮から日本にもたらされた大蔵経には、当時の朝鮮王朝社会に伝世した、宋版や元版、書写本、あるいはそれらの混合蔵など、さまざまな種類が存在していた。たとえば、南禅寺の大蔵経は、混合蔵の一例である。全五八二二帖から成り、宋・元・高麗などの版が混合している。この南禅寺蔵経は、もとをたどれば、一三九四年頃、沙弥《しゃみ》慶安が博多周辺で蒐集し、須磨禅昌寺に施入《せにゅう》したものである（山本信吉「宋版一切経」）。時期的にみて、おそらくこの大蔵経は、一三九四年に今川了俊《いまがわりょうしゅん》が朝鮮から請来し

表3　室町時代における大蔵経求請一覧

年	月	求請主体	史料上の表記	可否	納入先（予定含む）	備考
一三八八	七	春屋妙葩・今川了俊	日本国師妙葩・関西省探題源了俊	?	—	
一三九二	六	—	日本	?	—	
一三九四	三	今川了俊	日本国鎮西節度使源了俊	○（二部）	—	
一三九六	三	大内義弘	日本国左京権大夫多多良義弘	○	—	
一三九七	三	渋川満頼	日本関西道九州探題源道鎮	?	—	
一三九八	三	大内義弘	日本六州牧多多良義弘	?	—	
一三九九	七	足利義満	日本国大相国	△（経板の求請）	—	相国大夫人の命により求請 朝鮮側、承諾するも贈らず
一四〇〇	八	承天寺	博多城承天禅寺住持誾公	?	—	
一四〇六	二	足利義満	日本国王源道義	?	—	
一四〇七	七	大内盛見	日本国大内多多良徳雄	○	周防興隆寺	
一四〇八	七	大内盛見	日本大内殿	○	—	
一四〇九	④	大内盛見	日本大内殿多多良徳雄	○	周防永興寺	
一四一〇	一	壱岐	一岐知主源良喜・代言源覚真	?	—	
一四一〇	四	壱岐	一岐知主源良喜	?	—	
一四一一	五	九州探題配下	日本九州江州守窓満家	?	—	
一四一一	五	九州探題配下	沙弥源英	?	—	
一四一一	七	壱岐	一岐知主源良書	?	—	
一四一一	一〇	足利義持	日本国王	○	—	
一四一一	一〇	大内盛見	大内殿多多良徳雄	○	—	一四一一年一〇月日本国王 使行と同時通交
一四二三	一	壱岐	一岐知主源良書	?	—	
一四二三	三	宗貞茂	宗貞茂	○	—	
一四二三	六	少弐	日本国筑州藤公	○	—	

一四一四	六	足利義持	日本国王	○	—	驪興神勒寺所蔵経を贈与
一四一五	七	大内盛見	日本大内殿	×	—	
一四一六	八	宗貞茂・大内盛見	対馬島宗貞茂及大内多多良道雄	○	—	
一四一七	九	大内盛見	大内多多良道雄	?	—	
一四一八	八	大内盛見	日本国大内殿徳雄・多多良道雄	×	—	
一四一九	三	足利義持	日本国源義持	○	—	
一四二〇	三	渋川満頼	日本国九州都元帥右武衛源道鎮	×	—	
一四二一	二	渋川義俊	日本九州総管源義俊	?	—	
一四二三	二	足利義持△	日本国王	○	—	偽日本国王使の初例
一四二三	二	渋川義俊	日本九州都元帥元義俊	○	—	本国皇太后の命により求請
一四二三	二	渋川義俊	日本国源義俊	?	—	
一四二三	三	足利義持	日本国王	△（経板の求請）	—	経板の代りに蔵経を贈与
一四二五	四	足利義持	日本国王	×（経板の求請）	—	
一四二八	三	足利義持	日本国道詮	—	伊豆州東福教寺	『善隣国宝記』巻中二〇号文書による。『実録』に通交の記載なし。義持は同年正月に歿、請経は未遂に終わったか
一四三三	五	足利義教	日本国王	○（二部）	—	中国板印大蔵経二部を贈与
一四三四	三	宗貞盛	対馬州太守宗貞盛	×	—	
一四四〇	八	大内持世	大内殿多多良持世	○	—	新造寺刹に納入
一四四三	二	足利義勝	日本国王	○	—	
一四四三	三	大内教弘	日本国大内多多良教弘	○	周防香積寺	
一四四五	三	呼子	日本呼子殿	○	—	
一四四五	五	宗貞盛	宗貞盛	○	—	
一四四六	六	大内教弘	日本国大内殿多多良教弘	○	—	
一四四八	四	足利義政△	日本国王	○	山城南禅寺	

一四四九	八	宗貞盛	対馬州宗貞盛	○	（一部）	上津八幡宮・下津八幡宮	
一四五〇	①	足利義政	日本国王	○		神祠	
一四五〇	三	宗金	日本国関西路筑前州冷泉宗金	○		｜	善山府得益寺所蔵蔵経を贈与
一四五二	一〇	足利義政使者	日本国王使者定泉	○		｜	
一四五六	三	足利義政	日本国王	○		美濃承国寺（新創）	
一四五七	三	足利義政	日本国王	○		山城建仁寺	
一四五九	六	足利義政	日本国王	○		美濃一宮	
一四六〇	五	畠山義就×	日本国畠山殿源義就	？		｜	
一四六〇	九	斯波義敏×	日本国左兵（ママ）衛源義敏・日本国左武衛	○		｜	
一四六一	三	琉球国	琉球国中山王	○		天界寺	
一四六二	一〇	足利義政	日本国王源義政	○		大和多武峰	
一四七〇	八	畠山義勝×	日本国畠山殿源義勝	○		能登天徳寺	
一四七一	二	琉球国△	琉球国王尚徳	○		建立一寺	
一四七三	八	大内政弘×	日本国防長摂泉四州太守大内別駕多多良政弘	×		山城清水寺	
一四七八	二	久辺国主×	久辺国主李獲	×		創建仏寺	
一四七九	四	大内政弘×	日本国大内左京兆尹中大夫政弘	○		長門安国寺	
一四七九	六	琉球国×	琉球国王尚徳	×		｜	
一四八二	四	足利義政	日本国王源義政	○		大和円成寺	
一四八二	四	夷千島王×	夷千島王	×		｜	
一四八二	⑧	久辺国主×	久辺国主李獲	？		｜	
一四八三	三	琉球国×	琉球国王尚円	×		｜	
一四八五	八	大内政弘	日本国大内左京兆尹中大夫兼防長豊筑四州太守多多良政弘	○		筑前普門寺	
一四八六	四	少弐政尚	日本国関西路筑豊肥三州総太守太（ママ）宰府都督司馬少卿藤原政尚	×		｜	

一四八六	四	宗貞国	日本国対馬州太守宗貞国	×	―	
一四八七	二	宗貞国	対馬州太守宗貞国	○	対馬島霊神	
一四八七	四	足利義政	日本国王源義政	○	越後安国寺在田庵	
一四八七	六	大内政弘	日本国大内左京兆尹中大夫兼防長豊筑四州太守多多良政弘	○	大和長谷寺	
一四八九	八	足利義政	日本国王源義政	○	山城般舟三昧院	
一四九〇	九	大内政弘	日本国大中大夫左京兆尹兼防長豊筑四州太守多多良政弘	○	紀伊安楽寺	
一四九〇	九	少弐政尚	日本国関西路筑豊肥三州総太守太（ママ）宰府都督司馬少卿藤原政尚	？	―	
一四九一	八	足利義稙△	日本国源義材	○	筑前妙楽寺	
一四九一	一二	琉球国×	琉球国王尚円	○	安国寺	
一四九九	―	足利義高（義澄）	日本国源義高	―	―	『続善隣国宝記』一一・二〇号文書による。『実録』に通交の記載なし
一五〇〇	一一	琉球国	琉球国中山王尚真	○	興国寺	
一五〇二	一	足利義澄？義稙？	日本国	○	―	『続善隣国宝記』二〇号文書が書き替えられたものか。星州安峯寺所蔵蔵経を贈与
一五〇二	四	足利義澄△	日本国王源義高	×	―	『続善隣国宝記』一一号文書が書き替えられたものか
一五一七	八	足利義稙×	日本国王	○	―	
一五二七	一	足利義晴×	日本国王	△（残経一帙を贈与）	―	
一五三九	九	大内義隆	日本国王臣左京兆尹兼都督長史武衛次将多多良朝臣義隆	×	安芸厳島神社	『大願寺文書』による。『実録』に求請の記載なし

（注1）年月の月の欄の丸数字は、閏月を意味する。

（注2）「求請主体」の欄において、×＝対馬や博多の勢力などによる偽使と考えられるもの、△＝外交文書の改竄・書き替えがなされた蓋然性が高いもの、を意味する。

（注3）本表は、須田牧子『中世日朝関係と大内氏』の掲載表をもとに、各種研究論稿および私見を加え再構成したものである。

た大蔵経二セット（『朝鮮太祖実録』四年〈一三九五〉七月辛丑条）の片割れであろう。つまり、朝鮮半島から輸入された段階で、すでに混合体であった可能性が高い。

また、一四五二年に朝鮮王朝が日本国王使（正使は定泉）に贈った大蔵経一セットは、大蔵経脱帙《だっちつ》（おそらく帙のないもの）一一三巻と郷本大蔵経（高麗・朝鮮における書写本の大蔵経という意味か）とからなるものだった（『朝鮮端宗実録』即位年十月癸卯条）。つまり、これもおそらくは混合蔵の一例と見て間違いあるまい。

なお、やや脇道に逸れるが、私は、この日本国王使の定泉を以下の三つの点から偽使であったと疑っている。その理由の第一は、この使行と対応・関連する日本側史料が、もともと乏しい時期ではあるがまったく見当たらない点、第二は、『朝鮮世祖実録』元年（一四五五）十二月癸丑条によれば藤原定泉なる者が遣使通交しており、おそらくこの一四五二年使行を実績として独自の通交を試みたものと思われる点である。そして第三に、「日本国王使」定泉と同時期には、幕府の財政難により公方船《くぼうせん》を一隻も含まぬ宝徳度遣明船が中国渡航中であり、幕府将軍家周辺に朝鮮への貿易船派遣の関心がわきづらかった点があげられる（拙著『中華幻想』第Ⅳ章）。対馬や博多の偽使派遣勢力は、室町殿・幕府の遣明船フィーバーを見越して、こうした偽日本国王使を仕立てたのではないだろうか。

さて、話を請来大蔵経の問題に戻すと、高麗版のみで構成される大蔵経が輸入されるようになるのは、五〇部もの大蔵経を新たに印出した、世祖王四年（一四五八）以後のことと考えられる。押川信久氏によれば、このときの大蔵経印出事業は、「日本の諸勢力への回賜《かいし》によって減少した大蔵経を補塡し、王室および国家の安寧を祈るために実施された」ものであった。つまり、王位簒奪《さんだつ》者である世祖が自らの王権を荘厳し、内外に誇示するために画策したものだったのである（押川「一五世紀朝鮮の日本通交における大蔵経の回賜とその意味」）。今後なお粘り強く現物資料にあたっていく必要があるけれども、その後に日本へ請来された大蔵経は、多くがこの新規印行のものであった可能性が高いと思われる。

ところで、大蔵経をめぐる日本の政治宗教的環境は、中世前期と後期とでかなり対照的であった（中世前期については上川通夫『日本中世仏教史料論』第二部・大塚紀弘「宋版一切経の輸入と受容」参照）。中世後期（室町・戦国期）に限っていえば、大蔵経は「寺宝」としてまず扱われた（Robinson, Kenneth R., "Treated as Treasures"）。大蔵経を供養する一切経会《いっさいきょうえ》などは散見されるものの（そこでは経の題目のみ唱えたり、数行転読するのが常だった）、中世前期の如く学問的に利用・研究された形跡がほとんど確認できない（森克己「宋版一切経輸入に対する社会的考察」）。多くはそのごく一部、大般若経《だいはんにゃきょう》を転読する程度であったと思われる。すでに鎌倉期からその兆しはあったようだが（高橋慎一朗『武家の古都、鎌倉』）、とくに室町期の日本社会においては、大蔵経の中身や構成よりも、寺社勢力が大蔵経を具備しているかどうかに最大の関心があったとおぼしい。

そうなると、本書で見てきたような偽使や真使など、さまざまな通交主体によって朝鮮からもたらされた大蔵経が、日本到着後に何らかの取引（譲与・互酬・売買など）の対象となっていた可能性が想定されよう。したがって、次なる問題は、大蔵経一セットの取引価格がいくらであったか、である。

大蔵経の値段の試算（その1）

輸入された大蔵経は、いったいどれほどの価値や価格をもって中世日本社会に迎えられたのであろうか。実は、この問題を究明していくことは非常に難しい（以下、拙稿「大蔵経の値段」など参照）。大蔵経がそもそも宗教的なアイテムであるためか、売買や譲渡の取引価格が史料に残されていないからである。そこで当面は、迂回路をとるしか方法はない。

大蔵経一セットは、おおむね約六〇〇〇巻から成る（五〇〇〇巻とか七〇〇〇巻という場合もあるが、本書ではその中庸をとり、さしあたり六〇〇〇巻と考えておく）。そして、その十分の一にあたる六〇〇巻で構成されるのが、除災招福に効果があるとされ、中世日本社会で重要視された大般若経である。大般若経（六〇〇巻）であれば、価格が判明する例がいくつか知られている。それをもとに、大蔵経（六〇〇〇巻）の価格を試算してみよう。

第一は、早くに田中稔氏が紹介した書写本の大蔵経（一切経）の事例である。一三七八年三月、大和国山辺郡神野山《こうのやま》大明神に納められた書写本大般若経（大東急記念文庫蔵）の値段が、一セット三三貫五〇〇文であった（一貫文＝一〇〇〇文）。そこで、単純な比例計算が成り立つと仮定し、この三三貫五〇〇文を十倍すると、三三五貫文になる。これが、経典六〇〇〇巻分の価格、つまり大蔵経一セットの値段に相当するわけである（田中「秋田城介時顕施入の法華寺一切経について」）。ちなみに、米価比により一貫文を現在の一〇万円と仮定すると、書写本大蔵経一セットの値段は約三三五〇万円、ということにもなる。意外と安い——というのが私の率直な印象だが、読者の皆さんはどうだろうか。

第二は、一四八七年頃に播磨国鶴林寺へ寄進された春日版《かすがばん》（摺物《すりもの》）の大般若経である。施主（寄進者）の寄進状により、その価格が二〇貫文であったことが判明する（上島享「修正会と大般若経」）。上の試算方法を適用すると、日本国内の摺本大蔵経一セット相当の値段は、書写本よりもかなり安く、二〇〇貫文、という計算になる。印刷されたもの（春日版相当二〇〇貫文）よりも書写されたもの（書写本相当三三五貫文）の方が高い価値をもっていたことも分かる。この点に、版本を極度に重視する中国や朝鮮とは異なる、中世日本社会の特色がよくあらわれていると言えるだろう（上島享氏の御教示による）。

大蔵経の値段の試算（その2）

今度は視点を変えて、朝鮮からの請来大蔵経が、回礼品として贈与されたという事実、つまりこちらのもって行った進物（土産物）への対価が大蔵経であったという点に注目したい。いささか単純な見方かもしれないが、こちら（日本）からの礼物の規模・価格が、朝鮮からお返しされる大蔵経と金額的にほぼ拮抗していた可能性を想定してみよう。

そもそも、高麗・朝鮮王朝における大蔵経の取引価格などというものは存在しなかっただろうし、あったとしても中世日本人がそれを知っていたはずがない。したがって、中世日本人は、大蔵経に見合うのはこれくらいの礼物だろうと考えて、準備していったのではなかろうか。室町人たちは「相当の儀」や「等同の儀」を重視し、社会的・経済的なバランス感覚に長けていた（桜井英治『贈与の歴史学』参照）。だからこそ、日本からの進物がどれほどの値段であったかで、当時の日本人の考える朝鮮請来大蔵経の値段が推し量れると考えるわけである。

前章（「室町幕府の朝鮮外交」）で見たように、とくに十五世紀後半の足利義政期以降の「日本国王使」は、特定寺社のための請経（大蔵経求請）や勧進（造営・再建費用獲得）を目的にすることが多かった。そして、その使船の運営経費は、「日本国王」の名義を借りた、請経・勧進主体の寺院・神社側が当然負担していたはずである。

このような仮定のもとに、「日本国王使」すなわち室町殿名義の遣朝鮮使船がもたらした礼物の総額を試算してみることにしよう。その場合、大蔵経求請の趣旨を外交文書に明瞭に記した使節のもたらし

表4　文明4年(1472)，幕府遣朝鮮使船の進物価格試算

進物品目・員数	価　格	備　考
装金屏風　2張	70貫文	
彩画扇　200把	40貫文	
長刀　10柄	17貫文	
太刀　10柄	15貫文	
大紅漆浅方盆　大小20事	60貫文	(参考：唐物の漆盆7貫文（相阿弥代付折紙；真珠庵蔵）の半額3.5貫文と想定)
大紅漆木車椀　大小70事	55貫文	(参考：上記盆の仮想額の7分の2の額と想定；盆20と碗70がほぼ同額と想定)
蒔絵硯匣　1箇	24貫450文	
鏡台（鏡付）　1箇	2貫500文	(参考：円鏡3面1貫文；寛正3/12/28大乗院寺社雑事記)
酒壺　1対	2貫文	
銚子提子　1具	1100文	
合計	287貫50文	

品目・員数は『善隣国宝記』巻中37号文書，価格は『戊子入明記』による．

た礼物の金額を算定することが必要となってくるが、これまた前章（「室町幕府の朝鮮外交」）で見たように、国書を含む外交文書には、つねに改竄《かいざん》や偽作の可能性が潜在する。改竄の可能性がゼロの外交文書を探さなくてはならない。そして、それに該当するものは、唯一、『善隣国宝記』に残された文明四年（一四七二）時のものだけである（同巻中37号文書）。そこでこの文書に付属する礼物リストの総額を、種々の史料から算定してみることにしよう。その結果が表4である。

試算の根拠は曖昧な点を残すが、それでもできる限りの推測を重ねると、総額で約二九〇貫文、つまり概算で三〇〇貫文、という数字が浮かび上がってくる。まさしくこの価格こそ、当時、大蔵経獲得に見合う値段と考えられていたのではないだろうか。しかもこの値段は、田中稔氏の試算における書写本大蔵経の仮想額三三五貫文と、そう大きくはかけ離れていない。

日本側が設定し、想定していた朝鮮請来の大蔵経の値段は、この三〇〇貫文前後であったと、ひとまずは結論づけてもよいだろう。

大蔵経の値段の試算（その3）

問題は、この三〇〇貫文という数字のもつ意味や妥当性である。そもそも、この大蔵経の値段は、当時における〝適正価格〟だったのだろうか。というのも、輸入した大蔵経を日本国内で取引する場合、いくらかのプレミアをつけなければ輸入転売者の儲けも上がらないし、また同時に、輸入大蔵経に希少価値が認められなければ、需要そのものがないはずである。この三〇〇貫文という数字の意味するところを、当時の室町日本社会に即して、改めて考えておかねばならない。

そこで、室町時代における書写大蔵経がどれほどの価格であったか、別の角度から考えてみることにしよう。輸出の対価としての輸入額ではなく、実際に手で書き写して大蔵経一セットを作ると、いったいどれほどの費用がかかったのか、この点から迫ってみたい。そして、その費用と比べ、これまでに見てきた輸入大蔵経の値段は高かったのか否か。その結果によっては、朝鮮からわざわざ大蔵経を請来することの歴史的意味についても見えてくるのではなかろうか。

もっとも、書写大蔵経の値段といっても、そう簡単には判明しない。大蔵経一セットの書写費用（工賃・材料費）を示す明確な史料は存在しないからである。そこでここでも、迂回路をとることにしよう。まず、一四九九年の奈良における法華経《ほけきょう》書写の事例を根拠に、試算してみたい。興福寺の門跡《もんぜき》である大乗院の記録によると、経木《きょうぎ》に記す法華経（開結経とも併せて全一〇巻の構成）の書写工賃は、次のように設定されていた（『大乗院寺社雑事記』明応八年十二月三十日条）。

(P)漸写（ゆっくり書写する）＝三六〇文
(Q)頓写（急いで書写する）＝五六〇文
(R)頓写かつ大部（急いで大量に書写する）＝七一〇文

ここから、写経の料紙（用紙）にかかる費用などは度外視して、単純な比例計算（六〇〇倍）で大蔵経一セット六〇〇〇巻の金額を割り出すと、

(P′)二一六貫文、
(Q′)三三六貫文、
(R′)四二六貫文、

のようになる。

このうち、まんなかの(Q′)の数字は、先に推定した輸入大蔵経の値段三〇〇貫文とほぼ釣り合っている。ただし、巻数の多さを考えると、書写本の大蔵経一セットをつくりあげるには、(R′)のような頓写・大部のレートが適用された可能性も想定すべきであろう。つまり、書写大蔵経一セットの価格は、約三四〇〜四三〇貫文のあいだを推移していた、という仮説がここから導き出せよう。

次に、一四三九年、室町幕府六代将軍足利義教《よしのり》の企画した大蔵経書写事業に注目してみたい。この写経事業は、将軍義教が、紀伊国由良《ゆら》の興国寺（臨済《りんざい》宗法燈《はっとう》派《は》の寺院）で欠失している大蔵経のある部分――四八〇〇巻の欠失というから、実際には全体の約八〇パーセントにも上る――を書写させたプロジェクトである。しかもその際、書写の費用（工賃、人件費）を工面するために、鎌倉円覚寺・同寿福寺・博多聖福寺等といった五山派禅宗寺院住持職の売官行為を行なっている（『蔭凉』永享十一年七月二

十三日・八月十日・十月十日・同二十三日条）。いわゆる座公文《ざくもん》の典型である（斎藤夏来「足利政権の坐公文発給と政治統合」）。

当時、五山之上《ござんしじょう》である南禅寺の座公文の金額が一一七貫文であり（『臥雲日件録抜尤《がうんにっけんろくばつゆう》』享徳四年〈一四五五〉正月五日条）、十刹位の聖福寺のそれがこのころつねに一定して三〇貫文（『蔭凉』文明十九年九月十日条ほか）だったので、円覚寺＝一〇〇貫文、寿福寺＝七〇貫文、浄妙寺＝五〇貫文（以上五山）、聖福寺＝三〇貫文（十刹）、広厳寺＝二〇貫文（諸山）という想定がおおよそ成り立つ。こうした公帖《こうじょう》が、各寺一通（広厳寺のみ四通）出されることになったので、鹿苑院に回収された座公文の合計は、三三〇貫文となったはずである。つまり、これが当該書写分の工賃に充てられたとおぼしい。

したがって、この工賃のレートを準用して大蔵経一セット六〇〇〇巻をつくりあげると、四一二貫五〇〇文に達する計算である（330÷4800×6000＝412.5）。すぐに分かる通り、これは、先の『大乗院寺社雑事記』の事例のⓇのレート（四〇八貫文）にほぼ匹敵する。完成までにかかった時間の短さ（三ヵ月で四八〇〇巻！）を考えれば、納得のいく数値と言えよう。つまり、書写本大蔵経を駆け足で一セットつくるには、約四一〇貫文の経費が必要だったのである。

輸入本か書写本か　この推論が正しいとすると、先に見通した輸入大蔵経の値段三〇〇貫文と比べて、書写本の値段は最大で一〇〇貫文ほど高かった、という結論が導かれる。おそらく、この最大一〇〇貫文のギャップこそ、輸入大蔵経が国内で転売・譲渡される際に許された利鞘《りざや》の幅と見て間違いあるまい。

もちろん、朝鮮から輸入した大蔵経に、「輸入品だから稀少」というプレミアをつけて、四〇〇貫文以上の値段をつけていた可能性も皆無とは言い切れない。だが、すでに須田牧子氏が指摘した通り、室町時代の畿内の寺社は、大蔵経が欲しい場合、まず幕府に申請して遣朝鮮使船の名義を貸してもらい、それが無理な場合に、自ら勧進を募って（募金活動を行なって）書写本大蔵経を作ったのである（須田『中世日朝関係と大内氏』第三章）。

ここから分かることは、第一に、日本国内で書写して作り上げた大蔵経の方が、朝鮮から輸入された摺本主体の大蔵経よりも高価に設定されていたということ、そして第二に、逆にここから、日本の書写大蔵経の方が朝鮮から請来した大蔵経よりも貴重視されていたということ、である。おそらく、対馬宗氏や博多商人等が自身や偽使の名義などを用いて獲得した大蔵経が、日本国内で転売・譲渡される場合でも、書写本大蔵経一セット分の値段＝四〇〇貫文を超えるようなことはなかったであろう。万が一、それを超えるような場合には、何らかの伝手《つて》を頼って、新たに室町殿や大内氏の名義を借りて遣朝鮮使船を仕立てた方がよほど経済的だからである。

ともあれ、意外な気もするが、室町期の日本において、朝鮮から輸入された大蔵経には、それほどのプレミアが付されることがなかったことがうかがえよう。

なぜ明版大蔵経は輸入されなかったか

このことと関連して疑問に感ずるのは、なぜ室町時代の日本は、当時最新の明版大蔵経を輸入しようとしなかったのか、という点である。しかも、日本側がこの「洪武南蔵」＝大蔵経の存在を知らなかったはずはないのである。

たとえば、入明僧の汝霖妙佐《じょりんみょうさ》（良佐《りょうさ》とも）は、一三七二～七三年ごろ、南京蔣山寺での新規大蔵経の「点校」（テキスト校正）作業に自ら従事しており（野沢佳美『明代大蔵経史の研究』）、大蔵経がまもなく完成しようとしている情況を目の当たりにしていた。これ以外に、間接的ではあっても、汝霖と同時に入明した日本人渡海僧の絶海中津《ぜっかいちゅうしん》らが「洪武南蔵」の情報を見知っていた可能性はいちじるしく高い。それは、「洪武南蔵」プロジェクトに、彼ら入明僧とも顔なじみの、季潭《きたん》（全室）宗泐《そうろく》や斯道道衍《しどうどうえん》（還俗して姚広孝《ようこうこう》）ら、当時の中国禅宗界の主流派、臨済宗大慧《だいえ》派《は》が主導的に関わっていたからである（上田純一『足利義満と禅宗』参照）。したがって、十五世紀初頭の頻繁な日明外交使節の往来のなかで、「洪武南蔵」の情報が室町幕府にまったく伝わらなかったというのも不自然な話なのだ。

中国社会側の事情も重要であろうが、やはり、この問題で重視すべきは、日本側の事情、あるいは嗜好性であろう。というのも、当時の室町社会は、唐宋元の文物をたっとぶ、古渡《こわた》り好みの風潮で有名だからである。

たとえば、一四〇七年、大内盛見《おおうちもりみ》が朝鮮王朝へ遣使・請経する際に「今更に閩浙《びんせつ》の印本を賜らんことを望む」とわざわざ注文している。これは、盛見に言わせると、かつて大内義弘が朝鮮から賜与された蔵経との対校を行ない、いずれ独自に開版を行ないたいという、実用的な目的があったためである（「興隆寺文書」所収大内盛見書契案参照）。つまり、比較的歴史の新しい高麗版や素性の知れない混合蔵などでなく、古渡りの宋版ないし元版の大蔵経にこそ、仏典のテキストや威信財としての価値を認めていたことのあらわれであろう。

結局のところ、朝鮮からの請来大蔵経は、やや酷な言い方かもしれないが、〝宋元版大蔵経あるいは日本の書写本大蔵経の代替品〟という位置づけがもっとも適当なように思われる（榎本渉氏の御教示ならびに斎木涼子「宋版一切経の輸入」参照)。こうなってくると、輸入大蔵経への憧憬の度合いも、若干割り引いて考えた方がよさそうだ。

日朝間の美術史的交流

頻繁な使節の往来で知られる日朝関係であるが、こと文化交流の局面については、意外なほど史料が少ない。これから取り上げる絵画や彫刻といった美術史的分野のそれは、それでもまだ恵まれている方だと言えよう。

日朝絵画交流史の難しさ

たとえば、朝鮮絵画に関しては、「これが十五世紀の朝鮮絵画だ」と断言できる遺品が非常に少ないというのが大方の共通認識である。だからこそ朝鮮絵画史や日朝絵画交流史の研究が遅れていたのかもしれないが、近年の研究で、この点はかなり改善されてきている（栃木県立美術館ほか編『朝鮮王朝の絵画と日本』参照）。本書でもこの流れに棹さして、近年の対外関係史の成果との融合・接合をこころみたい。

画僧天章周文の朝鮮行

美術史でも日朝関係史でも、すでに周知の史実であるが、幕府お抱えともいうべき臨済《りんざい》宗夢窓派《むそうは》の画僧天章周文《てんしょうしゅうぶん》（作品例として図10参照）は、一四二四年、足利義持《よしもち》名義の遣朝鮮使節団の一員として朝鮮半島へ渡った。このときの遣朝鮮使（正使圭籌《けいちゅう》・副使梵《ぼん》齢《れい》）の使命は、厚かましくも、大蔵経板（経典の版木）一セットを求請するというものであった。もち

図10　水色巒光図（15世紀・伝周文筆，奈良国立博物館所蔵・提供，撮影　森村欣司）

ろん、朝鮮王朝がこんな高飛車な要求に応ずるはずもない。自分たちの要求の通らないことを察した日本使節側は、「もし大蔵経の版木を貰えなかったら兵船数千艘を出す」などと脅し文句をちらつかせ、トラブルまみれの使節行となった（『朝鮮世宗実録』六年正月丁酉条）。

そこで朝鮮側の廷臣たちは、日本人使節をなだめすかすかのような行動に出る。正使圭籌・副使梵齢の要請にしたがい、彼らがもってきた山水図への題詞の著賛や、彼らの道号（字《あざな》）に関する賛・詩の贈与を行なったのである（『朝鮮世宗実録』六年正月壬寅条）。なお、このときに圭籌・梵齢に与えられた道号賛詩により、圭籌の道号が梅窓《ばいそう》、梵齢の道号が雪庵《せつあん》だということが判明する。つまり、四字連称では、梅窓圭籌・雪庵梵齢となる。

ところで、美術史学の分野では、右の山水図を描いた人間が、他ならぬ天章周文その人であったと見るのが定説となっている。使節団の一員に周文がいるのだから、わざと山水画の筆者の名前を伏せていた可能性も含めて、確かに自然な想定だといえよう。私も、その点についてはとくに異論がない。

だが、朝鮮王朝の文人官僚たちの美辞麗句をそのまま素直に受け取り、周文の画技の高さを誇るような先学の風潮には、違和感を禁じえない。というのも、この山水図を褒めそやし、「山水を微細に模写する腕前は大変すばらしく、まるで王摩詰（王維《おうい》）の画を見るようだ」などと朝鮮官人が言っているのは、暴発しかねない日本の使節団を懐柔するための、おだて文句に相違ないからである。

むしろ、ここで真に問うべき問題は、画技の高かったはずの天章周文が、なぜこのときに朝鮮半島にことさらに遣わされたのか、という点であろう。もちろんこの問題は、美術史学における古典的なテーマの一つでもあったわけだが、当時の日朝関係を含む対外関係史全般を見据えた議論が、今や改めて必要なのではなかろうか。

周知の通り、当時の将軍足利義持は、一四一一年以降、中国明朝との国交を絶っていた。父足利義満の始めた朝貢形式の外交関係を嫌ったためと言われている。だが、私は、彼の父親への嫌悪以上に、彼自身のもっていた神国思想やエスノセントリズムに注目すべきと考えている（拙著『中華幻想』第Ⅰ章）。義持は、辞を低くして朝鮮に請経し続けるより、経板一式を獲得して、できれば今後、朝鮮に遣使するのを止めたかったのではないか。大蔵経の版木一式を獲得しさえすれば、それを印刷・頒布するだけで、一部あたり三〇〇貫文以上の収入が期待できる。これは、莫大な儲けを得られる日明貿易を停止した義持にとって、大きな魅力であったに違いない。

さて、そうしたなかでの画僧周文の朝鮮行の目的を、朝鮮画そのものの摂取として理解するのはおそらく正しくない。むしろ、朝鮮半島に多数存在したであろう中国画の獲得・買得、そして画技の習得や模写が目的だったと考えるのが自然であろう。義持は、中国との関係を絶った後、さかんに朝鮮や琉球と通交しているが、それもおそらくは、断交により供給量が減った唐物（中国製の舶来品）・唐絵（中国絵画）を、バイパスによって補おうと考えていたためである（佐伯弘次「室町前期の日琉関係と外交文書」・上田純一『足利義満と禅宗』）。言い換えれば、義持自身が中国明朝との関係を絶ってしまった以上、唐絵・唐物は、朝鮮半島や琉球列島を経由しなければ入手できなくなっていたのである。

李郭派山水画の世界へ

義持および周文らがどれほど事前に理解していたかどうか分からないが、当時の朝鮮半島では、華北系（北宋・遼系統）の李郭派山水画が席捲《せっけん》していた（大和文華館編『崇高なる山水』・板倉聖哲編『朝鮮王朝の絵画』など参照）。李郭派とは、山水画家である李成《りせい》ならびに郭熙《かくき》の系統を指し、華北系の画壇に圧倒的な影響を与えたエコールである。

ここで、著名な郭熙の代表作、「早春図」（一〇七二年作、台湾・国立故宮博物院蔵）を想起してみてほしい（図11参照）。その特徴は、江南山水画の流れに属する黄公望《こうこうぼう》が言うように、「石を画くこと雲の如」きものであった。躍動感あふれる山水が、画面の大半を覆わんばかりにむくむくと立ち上がる、そんな印象を与える李郭派の山水画が、当時の朝鮮半島には影響を与えていたのである。

これに関しては、塚本麿充氏が注目するように、一〇七二年ころ、北宋の神宗皇帝が高麗からの朝貢使節に対して郭熙の山水画二幅（「秋景」および「烟嵐」）を下賜《かし》している事実が重要と思われる（塚本「崇高なる山水・郭熙山水の成立とその意義」）。つまり、郭熙の水墨山水が、高麗王朝でも正統的なものとして位置づけられる契機がここに見てとれるのである。遅れて、十五世紀後半に活躍した朝鮮王朝時代の代表的な宮廷画家である安堅は、こうした李郭派風、すなわち高麗以来の山水画の正統的流れを軸に、技法を発展させている。当然、このあいだの時期に位置する、周文が訪れた当時の朝鮮山水画の世界も、李郭系＝華北系山水画を至上のものとする価値観に支えられていたことであろう。

問題は、周文作品にどれほど李郭系山水画の要素が見てとれるかである。周文は、自分の作品に落款《らっかん》をつけることが少なかったため、真筆作品の同定はきわめて難しい。したがって、周文の画風についても評価が一定せず、美術史学では、完全に二分してしまっている。

一つは、この李郭派山水画系統の影響を支配的とみる立場であり、たとえば、早くから朝鮮画と室町水墨画との関係を論じてきた赤澤英二氏はこちらの陣営である（赤澤「室町水墨画と李朝画の関係」）。最近では、板倉聖哲氏や塚本麿充氏も同様の見解を示しているといえよう（塚本前掲論文・板倉前掲編著など参照）。

図11　早春図（1072年・北宋・郭熙筆，台北・故宮博物院蔵）
国立故宮博物院 HP より転載.

もう一つは、画面を対角線で区切り、片方に景物を集中させて画く辺角景構図法の馬遠・夏珪（いわゆる「馬の一角」・「夏の一辺」）など、南宋院体画＝江南山水画系統の影響を強く見て取る立場であり、「永享様式」の旗手として周文を位置づける論者である。金澤弘氏らが、こちらの主要論者といってよかろう（金澤『水墨画―如拙・周文・宗湛』など）。

美術史が専門でない私には、正直なところ、どちらが妥当かの判断はつかないし、前者から後者への技術的転回を想定すべきなのかもしれないが、強いていえば前者の方に親近感を覚える。というのも、先に主籌らの要望で朝鮮官人によって作られた山水画題詩に、「王維を彷彿させる」旨の文言があったからである。いうまでもなく、唐の王維は、雪渓山水図の伝統をつくった張本人であり、華北系の宮廷水墨画の流れの水源に位置している。この〝最大限の賛辞〟は、前述の通り単なる美辞麗句にすぎなかったわけだが、朝鮮高官たちが著賛したところの日本人画家（周文の可能性が高い）の山水画に、そうした正統的な華北系山水画を想起させる要素がそれなりに存在したこともまた事実なのではないか。

以上をふまえると、足利義持期における大陸的な水墨山水への渇を癒すべく周文は朝鮮に派遣され、華北系山水画を摂取して帰国した、と推察される。

画僧霊彩の朝鮮行

美術史学の世界では、もう一人、朝鮮半島に渡った水墨画家として霊彩《れいさい》という禅僧が知られている。霊彩は、「風吹き寒山」（大東急記念文庫蔵、図12参照）や「白衣観音像《びゃくえかんのんぞう》」（相国寺承天閣蔵《しょうこくじ》、図13参照）などの作品で有名であり、あるいは読者のなかにもファンがいることと思う（以下、拙稿「画僧霊彩の朝鮮行」・同「朝鮮に行った画僧霊彩」参照）。

霊彩の朝鮮行については、一四六三年の朝鮮側史料に、「源教直の使者霊彩、白衣観音を画きて以て進む」（『朝鮮世祖実録』九年閏七月庚辰条）とあり、彼自身が朝鮮に渡って、自分の描いた白衣観音像を朝鮮国王に進献したことが分かっている（渡邊一「霊彩」・安輝濬「朝鮮王朝初期の絵画と日本室町時代の水墨画」・荏開津通彦「霊彩の時代遅れ」）。ただし、この白衣観音像について、実際に筆を執った場所が

図13　白衣観音図（15世紀・霊彩筆，相国寺蔵）
東京国立博物館・九州国立博物館『京都五山　禅の文化展』図録2007年より転載.

図12　風吹き寒山（15世紀・霊彩筆，大東急記念文庫蔵）
東京国立博物館・九州国立博物館『京都五山　禅の文化展』図録2007年より転載.

日本か朝鮮かは残念ながら分からない。

彼の素性についてはこれまで不詳とされてきたが、法諱《ほうき》の系字《けいじ》「霊」から見て、臨済宗大鑑派《だいかんは》ないし同聖一派《しょういちは》の僧であることは確実である。そしてさらに、彼の作風が東福寺画系に近いという美術史学界の通説に依拠すれば、後者すなわち臨済宗聖一派（東福寺派）の可能性が高いと考えられる。

もっとも、聖一派における系字「霊」の始まりは性海霊見であり、加えてこの「霊見」と安名《あんみょう》したのが他ならぬ渡来僧清拙正澄《せいせつしょうちょう》であった。この清拙こそ、大鑑派の祖である。こうした事実からすれば、「霊」字をもつ禅僧を、大鑑派か聖一派かと区別するのはそれほど本質的なこととは思われない。むしろ、「霊」字を嗣《つ》ぐ禅僧たちは、たとえ聖一派に属するとしても、精神的にはすべて清拙の法統に位置していたと見るべきであろう。

さて、この朝鮮史料においてもう一つ重要なのは、この画僧霊彩が、実は偽使の片棒を担いで朝鮮に渡海していたという事実である。右の史料中に見える「源教直」とは、「九州都元帥源教直」、すなわち九州探題《きゅうしゅうたんだい》渋川教直である。ところが、この名義は実際には、彼に仮託された詐称名義なのであった。名義人本人は確かに実在するけれども、その名義の通交権を対馬宗氏《つしまそうし》が保有していたことが、『朝鮮王朝実録』の別の記事から判明するのである（『朝鮮成宗実録』十八年〈一四八七〉二月丁丑条）。そしてこの経緯から分かる通り、この偽使を創り出したのは、ほぼ間違いなく対馬宗氏であった。

となると、浮上してくるのは、この「源教直」使節が、なにゆえに霊彩を同行させ、白衣観音像を進献させたのか――あるいは霊彩が自ら進んで白衣観音像を進献したのか――という問題である。果たして霊彩はヘッドハンティングされたのか、あるいは本人みずから望んで朝鮮に渡ったのか。あるいは、そのいずれでもあるのか。些細なことかもしれないが、関連史料の乏しい霊彩の生き様に迫るためにも、考えておくべき問題といえよう。

世祖朝の観音現相

ここで、霊彩が通交したころの朝鮮半島の情勢に目を転じてみたい。当時は、儒教を国是とする朝鮮王朝の歴史のなかでも珍しく、表立って仏教信奉を強固に謳う世祖王の時代であった。この世祖王が仏教をあからさまに信奉したのには理由がある。それは、彼自身の負の政治経験を浄め流すためである。一四五三〜五六年、首陽大君（のちの世祖）は、申叔舟《しんしゅくしゅう》ら勲旧派《くんきゅうは》の廷臣を糾合し、甥の端宗（のちの魯山君）を廃位・毒殺して王位を奪い取った。つまり、世祖は、王権を簒奪《さんだつ》したのである（いわゆる「癸酉靖難《きゆうせいなん》」）。そのため、彼は、ことさらに自身の王権を荘厳し、正統性をアピールする必要性に迫られていたのだ。

こうした事情により、世祖王代には、甘露《かんろ》や雨花《うか》、観音現相《かんのんげんそう》など、仏教的奇瑞《きずい》・祥瑞《しょうずい》がさかんに演出された。当然のことながら、有象無象の倭人使節・野人（女真族《じょしんぞく》）使節が新王世祖の徳を慕って朝貢してくることは、歓迎すべき事柄であった。彼ら〝朝貢〟使節が、国王世祖の〝正統性〟を象徴してくれるからである（高橋公明「朝鮮遣使ブームと世祖の王権」）。

逆にいえば、そうした千載一遇の好機をねらって、対馬や博多の諸勢力は、偽使を大量に仕立て、朝鮮王朝に送り込んだとも言える。使行の名義や名目に多少の不備があっても、無碍《むげ》に追い返されることが少なかったからである。こうした事態の進行が、偽使通交の拡大に拍車をかけたと見て間違いなかろう（長節子「朝鮮前期朝日関係の虚像と実像」参照）。

先の画僧霊彩、および源教直使送に話を戻すと、彼らが渡海した一四六三年のちょうど前年には、世

図14　観音現相図（1462年，崔恒撰『観音現相記』巻頭図版，韓国・奎章閣文庫蔵）

祖が京畿道《けいきどう》の上元寺《じょうげんじ》を訪れ、「観音現相」に遭遇していた。これを受けて、同年のうちには朝鮮王朝の高官崔恒が『観音現相記』をあらわした（その巻首に「観音現相図」〈図14参照〉が掲げられる）。このことからも分かる通り、上元寺の「観音現相」は、世祖王権のプロパガンダの材料として積極的に利用されたのである。

そしてこの「観音現相」は、朝鮮国内のみならず、国外に対しても、積極的に喧伝された（前掲拙稿両編・松本真輔「菩薩の化現・現相」）。まさしく同じ一四六三年に、早くも奈良の興福寺門跡大乗院尋尊がこの『観音現相記』を目にしている（『大乗院寺社雑事記』寛正四年十一月三日条）。距離やルートのことを考えれば、奈良の尋尊以前に対馬・博多の勢力や霊彩自身がこの「観音現相」情報をキャッチしていたことは疑いない。この奇瑞に対する慶賀・祝賀を名目にすれば、どんな偽使であっても——とうぜん常識的な範囲ではあろうが――朝鮮王朝は受け入れたはずである。そしてもちろん、偽使派遣勢力もそれを見抜いて大量の偽使を朝鮮に送り込んでいたことだろう。

要するに、霊彩による朝鮮行と白衣観音像進献とは、一四六二年の世祖王代の仏教的奇瑞、「観音現相」に敏感に反応したものだったのである。偽使たち、あるいはその派遣主体の的確な情報蒐集能力と、素早い情勢判断の才覚が、明瞭に見てとれる事例だと言ってよかろう。

関東時代の霊彩

偽使問題を論ずる立場からすると、霊彩がもともと対馬島外で活躍していた人間であった点は見逃せない。霊彩が描いた「涅槃図《ねはんず》」（山梨大蔵経寺蔵、図15参照）の裏書には、「駿州宝雲山浄居寺《じょうこうじ》が常住〔常備の仏具・仏物〕たり。住持比丘明訓〔友石明訓〕・本寺檀那奉菩薩戒弟子道光〔大森頼春〕・前伊豆守憲頼〔大森憲頼〕、永享七年龍集乙卯二月十五日に誌し写す。僧霊彩、之れを筆す（後略）」とあり、彼が関東で活動していたことは明白である（守屋正彦「大蔵経寺涅槃図について」参照）。また、この裏書によれば、大蔵経寺現蔵の「涅槃図」は、もともと駿河国浄居寺のために作成され奉納されたものであった。この法雲山浄居寺は、静岡県小山町の雲居山乗光寺《じょうこうじ》の前身であり（村井章介『国境を超えて』付論2）、問題の「涅槃図」は、そこから現在の大蔵経寺へ流出したことになる。そして、この霊彩筆「涅槃図」が鎌倉円覚寺蔵の「涅槃図」と酷似していることからすれば、おそらく霊彩が関東・鎌倉、なかんずく円覚寺で修行していたことは、もはや動かしがたい事実と言えよう（守屋前掲論文・荘開津前掲論文参照）。

こうした霊彩の略歴を考えると、対馬宗氏らが偽使創作活動を十分に営むためには、島外の人的資源が一定程度必要であった様子がうかがえる。対馬から筑前博多へ、博多から国内外に拡がる多種多様な

図15　涅槃図（1435年・霊彩筆，山梨大蔵経寺蔵）
東京国立博物館・九州国立博物館『京都五山・禅の文化展』図録2007年より転載.

ネットワークのなかで、偽使通交に必要な人的・物的資源がかきあつめられたのであろう。このように、霊彩の通交事例は、当時の日朝関係の構造的特質をよく伝える材料なのである。

雪舟と霊彩の違い　それでは、霊彩は、ただ単に対馬宗氏のヘッドハンティングを受けただけの、受動的な存在だったのだろうか。

私はそうは思わない。むしろ、霊彩は積極的であったと考えている。霊彩は、仏教的奇瑞に魅力を感じ、みずから朝鮮半島行きを志願したのではなかろうか。というのも、いささか唐突かもしれないが、同時期の著名な画僧、雪舟等楊《せっしゅうとうよう》の動向と比較して、そのように言えるのではないかと思うのである。

雪舟といえば、一般に臨済宗夢窓派の禅僧（相国寺僧）として知られているが、禅僧としての初期の頃の動静や、あるいは入明前後の人的ネットワークを調べると、意外にも聖一派（東福寺派）との強い関係が見出せる。伊藤幸司氏によれば、雪舟が入明直前に周防大内氏のもとに身を寄せたのも、大内氏—東福寺とのつながりのなかで理解できるのだという（伊藤幸司「雪舟の旅と東福寺派のネットワーク」）。それがたとえ事実ではなく、ためにする言説にすぎなかったとしても、雪舟が東福寺派とのつながりを強調したことの意味は大きい。おそらくそれが、彼の遣明使節行参加への助けとなったはずだからである。

雪舟も親近していた聖一派に属するとおぼしき霊彩が、なぜ朝鮮行きを選んだのか。雪舟のように、彼にも中国大陸へ渡る選択肢があったかもしれないではないか。

もとより、ここからはまったくの想像にすぎないが、仏画を中心に制作していた画僧霊彩にとって、実際に観音現相や雨花や甘露などを目にすることは、きわめて魅力的に思われたのではなかろうか。彼は、仏教的奇瑞が見られるなら、喜んで朝鮮に渡ったのではなかろうか。なぜなら、それが、自身の画作に厚みやリアリティを持たせることにもつながるし、何よりも彼の宗教心が満たされるはずだからである。

そして、非難するわけではないが、宗教味の薄いスケッチを事とし、もっぱら山水画の世界で名を馳せた入明僧雪舟とは違って、霊彩は仏教的信仰心に突き動かされて朝鮮行きを決意し、対馬宗氏の創作した偽使の片棒を担いだ（担がされた）のではないか。やや霊彩に肩入れした見方かもしれないが、私はそのように想像をふくらませている。

偽使が運んだ肖像彫刻

彫刻史の分野でも、偽使問題に関わる面白い事例が報告されているので紹介しておこう（楠井隆志「高麗朝鮮仏教美術伝来考」・竹下正博「九州の中世彫刻」参照）。一四七一〜七二年、肥前上松浦の源　納《みなもとのおさむ》名義の使節が朝鮮に至った際、その使節団の一人、四良衛門《しろうえもん》正秀《まさひで》なる人物が語ったことである（『朝鮮成宗実録』三年〈一四七二〉六月辛未条）。長い話なので、前後ふたつに分けて引用する。

丁亥年（一四六七）、吾《われ》、京極殿が使送と為《な》りて来たる。世祖引見して親しく教《きょう》して曰く、「汝、本国に帰らば造仏人を率いて来たれ」と。我《われ》、命を聞きて忘れず、急ぎ本国に趨《はし》り、良工三人を得て倶《とも》に周防州に到るも、世祖の晏駕《あんが》〔崩御〕を聞く。冷泉津〔筑前博多〕に至り、造仏人、我に謂《い》いて曰く、「吾、姑《しばら》く此《ここ》に留まらん。汝先づ朝鮮に到り、新殿下より進退の命を稟《う》けよ」と。是《ここ》に於て為《ため》に世祖の御容を造る。吾が族親、皆《み》な曰く、「汝、朝鮮国王の命を承《う》けて造仏人を求めり。又《ま》た御容を奉りて去《ゆ》かば、必ず異恩《いおん》を蒙らん」と。

〔意訳〕一四六七年に、私は京極殿〔京極生道〕の使節としてやってきました。その際、世祖王が私を引見し、「日本に帰ったら、仏師を連れて来てほしい」と親しくお命じになりました。私はこの命を忘れず、急いで京都に帰りました。そして、良工三人を得て周防の国まで来ましたところ、世祖王の訃報に接した次第です。博多まで到ると、仏師たちは、「私たちはここ〔博多〕にしばらく留まろうと思う。（だから）あなた〔四良衛門正秀〕はまず朝鮮に行って、新しい王から進退（造仏の要不要）についての命を聞いてこい」と私に言いました。そこで私は（新王の御判断を待たずに）世祖の肖像彫刻を造らせ始めました。（というのも）私の親族は皆、「朝鮮国王の命で仏師を雇って来てしまったわけだし、世祖の肖像を造れば特別なご褒美が貰えるだろうよ」と言う（からです）。

この一四六七年の京極殿の使節は、『朝鮮世祖実録』を繰ると、京極生道なる名義であったことが判明する（同十三年七月乙酉条）。だが、前後に通交名義として見られた生観（京極持清法名）ならともかく、生道などという人物は当時どこにも存在しない。京極生道は、あからさまな架空名義だったのである。本書の最初の章（「偽使の登場」）で紹介した、「王城大臣使の第二波」に属する偽使＝ニセモノなのであった（この「第二波」については、次の章（「日朝牙符制のくびき」）で詳しく見ていく）。

したがって、ここで四良衛門正秀が語っている内容は、まったくの眉唾物として読む必要がある。京都で仏師を募ったというのもおそらく嘘なのである。この点を踏まえて、彼の話の続きを追ってみよう。

辛卯〔一四七一〕五月、御容〔世祖の肖像彫刻〕を奉じて薺浦《せいほ》〔三浦《さんぽ》の一つ〕に到る。辺将拒みて納《おさ》めず。我れ回還するに及び、人皆な侮《ぶ》笑《しょう》す。而《しか》して造仏者も亦《ま》た責め怒り、甚だしく苛《さいな》む。余〔四良衛門正秀〕の往来の費財は姑《しばら》く論ずる勿《な》く、世祖が為の用心の勤めなるも、以て暴白《ぼうはく》する無くんば、甚だしき痛憫《つうびん》に至らん。其れ御容は博多聖福寺に安《あん》ず。社主〔住持〕曰く、「此の像、時々光を放つこと蛍の如し。且《ま》た仏像に非ざれば、其れ急ぎ移し安ぜよ」と。已《や》むを得ず、今又た奉じて薺浦に至り、以て辺将に告げず、吾羅時羅〔五郎二郎カ〕が家に安ず。吾、今、源納の使わして来たる所為《た》りと雖《いえど》も、実に此の事を導達《どうたつ》せんと欲する也。若《も》し御容を奉迎《ほうげい》し、京都〔漢城＝ソウル」に安じらるれば、則《すなわ》ち余が心、或いは小伸《しょうしん》に庶《ちか》からん。

［意訳］一四七一年五月に、世祖王の彫刻をもって薺浦にやってきました。辺将（地方官）は拒んで受け取ろうとしませんでした。私はそのまま帰りましたが、（三浦の）人々から嘲笑を浴びました。そして（博多に）帰着したら、かの仏師たちにも責め詰《なじ》られる始末です。私が朝鮮と日本の京都とを往復するのにかかった費用はさておくとしても、世祖王のために尽力したことなのに、それを表明すらできないとしたら、あまりに無念です。例の世祖の御容像は、博多の聖福寺に安置しました。ところが、その住職が申すには、「この肖像は、ときどき蛍のように光を放つ。仏像でもないので、急いで（どこかへ）移されるのがよいだろう」とのこと。そこで私はやむを得ず、ふたたびこの肖像彫刻を奉じて薺浦にやってきたわけです。辺将にも告げず、五郎二郎（おそらく薺浦の恒居倭）の家に仮安置しました。このことだけは申し上げたかったのです。私は、今回は源納の使者として朝鮮にやってきましたけれども、このことだけは申し上げたかったのです。もしこの御容像をソウル（漢城）まで迎え入れて安置してくださるなら、私の気持ちも少しは安らぐでしょう。

仏教への信仰心の篤い故世祖王に取り入るがごとき口吻である。しかも、すでに薺浦においてこの肖像彫刻を仮安置（おそらく魂を吹き込んだのであろう）してしまっているのだから、朝鮮王朝側としても無碍に却下するわけにはいかなかった。この後、朝鮮側は朝議を開き、対応を協議する。この肖像彫刻は「観音現相図」をよりどころとしたもので、故世祖王には似ても似つかないし、こんなものを受けいれたら「外夷」（倭人のこと）にあなどられて国家の体面に傷がつきかねない。そこで、薺浦に壇を設けて焼却することに決したのである。「観音現相図」とは、朝鮮に行った画僧霊彩のところで紹介した

『観音現相記』巻首のそれであろうか（前掲図14参照）。

ここで〝外夷にあなどられて大体に傷がつく〟といわれているのは、朝鮮では、国王の肖像を無闇矢《むやみや》鱈《たら》と作ってはいけなかったことを指す。朝鮮政府としては、勝手に肖像を作ると罪になるのだが、お前（四良衛門正秀）はそれを知らなかったのだから赦してやろう、と正秀に諭《ゆ》すことも決定している。朝鮮の王権の権威を守るべく、厳格な対応をしたわけである。

こうして見ると、四良衛門正秀は、朝鮮側から何ら見返りを得られなかったに違いない。そうなると、博多の仏師たちへの支払いはどうなったのか。仏師たちは工賃を踏み倒されてしまったのではないか。

なお、彫刻史家の竹下正博氏は、想像の域を出ないとしながらも、このニセ世祖像を作成した仏師として、京都からやってきた院派の一人、法眼院徳ないしその一流を想定している（竹下前掲論文）。この事件の五年後の一四七七年以降、九州での活動が明確に知られること、京都を出自とし、その末裔が伊万里（松浦）で活動し博多に仏所を構えていたこと（いわゆる博多猪熊仏師の系統、作例として図16参照）が推論の根拠である。偽使の語るウソにも真実の要素が含まれていることは少なくないから（高橋公明「久辺国主のウソを読む」参照）、これはかなり蓋然性の高い仮説だと考えられよう。そして、その場合、実際の

図16　阿弥陀如来像（天正年間・博多津猪熊仏師作，佐賀県立博物館提供，玄海町石田公民館旧蔵）

「造仏人」のルーツが京都であるという点を活かして、四良衛門正秀は彼らを京都でリクルートしてきたという話に仕立てあげたのではないか。

金工・鋳造技術の移入

これまた美術史、とくに金工史の分野では有名な話だが、十五世紀の初期に、芦屋《あしや》鋳物《いも》師《じ》とおぼしき人々が、朝鮮半島に渡って鋳造技術の習得をはかったことが知られている。一四一八年、「倭人司正の表沙貴、其の国〔日本〕の銅鉄匠を率いて来る」(『朝鮮世宗実録』即位年八月辛卯条)という史料である。非常に短いが、とても重要な記事だといえよう。朝鮮半島の金工技術やデザインを摂取するために、北部九州地域の鋳物師たちが朝鮮半島に熱いまなざしを向けていたこともよくうかがえる。朝鮮半島系デザインへの接近、という意味では、先に見た絵画の世界よりも一歩積極的であったといえるかもしれない。

こうした動向の明証ともいうべき作品が、現在、長崎県立対馬歴史民俗資料館に収蔵されている。清玄寺旧蔵の梵鐘《ぼんしょう》である(図17参照)。この梵鐘は、大要を朝鮮鐘の形式により作られた和韓混淆式鐘であり、銘文から、一四六九年に芦屋鋳物師大江貞家らによって鋳造されたものと判明する(中世における対馬宗氏の惟宗《これむね》姓の終見史料としても重要)。しかも、これは「出吹き」といって、職人が現地に赴いて鋳造したものである(岡崎譲治「対馬の金工」・楠井前掲論文)。日朝間の狭間に位置する対馬でつくられた梵鐘として、これほど象徴的なものはないだろう。

ちなみに、彼らと同系統である筑前の芦屋鋳物師や豊前の今居鋳物師らが琉球に渡り、有名な首里城《しゅりじょう》正殿梵鐘・天妃宮梵鐘・大安禅寺梵鐘や普門禅寺梵鐘・天尊殿梵鐘・永福寺梵鐘などを作っていたことも分かっている(いずれも沖縄県立博物館・美術館現蔵。杉山洋「琉球鐘」)。そして、そこにも高麗鐘の影響が見られるという指摘があり（坪井良平『日本の梵鐘』）、対馬や博多をクッションとして、そして琉球との交易に深い関心をもった周防大内氏の意向なども反映して、金工技術者の渡海・交流がかなり活発に展開していた状況が想定される（久保智康編『琉球の金工』参照）。

高麗物・朝鮮物の位置づけ

これまで見てきたように、高麗物（朝鮮物）の遺品は、いわゆる唐物《からもの》に比べると実に数が少ない（唐物全般については河添房江・皆川雅樹編『唐物と東アジア』参照）。こうした状況は、そのまま、中世日本社会における朝鮮請来品への評価を反映したものと言えるだろう。いわゆる南宋仏画のなかに高麗仏画が少なからず見出されるように（井手誠之輔『日本の宋元仏画』）、「唐物」のレッテルを貼ったり貼られたりして、評価が高まった（変えられた）例も少な

図17　清玄寺鐘（1469年・筑前芦屋金屋大工大江貞家等作，長崎県立対馬歴史民俗資料館蔵）
長崎県立対馬歴史民俗資料館『対馬と韓国との文化交流史展』図録1995年より転載.

図18　応夢衣（13世紀・高麗，伝無準師範料，龍湫周沢相伝，京都国立博物館所蔵・提供）

くないはずである。

近年では、夢窓派の龍湫周沢《りゅうしゅうしゅうたく》が夢告《むこく》の通りに無準師範の法衣を人づてに伝授されたという有名な「応夢衣《おうむえ》」（南禅寺慈聖院旧蔵、京都国立博物館蔵、図18参照）が、高麗時代の朝鮮半島で作られたものだと判明している（京都国立博物館編『高僧と袈裟』）。無準から頂戴したはずの大袈裟《おおげさ》が、無準が実際にいた中国南宋の作例ではなかったわけである。もともとこの「応夢衣」は伝説の産物であったが、作品の〝本籍地〟が明らかになったことで、その神話性・虚構性はよりはっきりしたといえよう。

このように、高麗物（そしておそらくは朝鮮物も）の頂点的作品は、宋元の作品というラヴェルを借りて重宝《ちょうほう》となったものが少なくないと推察される。もっとも、こうした作品の〝本籍〟の紛れやゆらぎが起こること自体、高麗物・朝鮮物へのあこがれと、唐物（唐宋元の品々）に比しての低評価とが同居している状況をよく物語っている。意図的であったかどうかは今となっては分からないが、現代風にいえば「偽装」そのものである。

こうした事態は、〝唐物（漢作）―高麗物（朝鮮物）―和物（本朝物）〟という序列を即座に想起させる。そして、この傾向は、大枠としては正しいといえよう（河添房江『源氏物語と東アジア世界』参照）。だが、こうした〝唐―高麗―和〟という序列が常に一般的に成り立っていたわけではない点にも、十分な配慮が必要と考えられる。

たとえば、前節（「朝鮮からの輸入大蔵経」）でも見た仏典の値段を思い出してほしい。論理的に算出したその価格に注目すると、〝日本国内書写本―高麗版本―国内版本（春日版など）〟という序列が確認された。おそらくはこの上に平等院本・中尊寺経のような紺紙金泥・金銀泥の超高級写本があり、そのまた上に別格として北宋勅版の仏教経典が存在したのであろう。高麗版経典などの位置に注目すると、必ずしも、〝唐（漢）―高麗（朝鮮）―和（本朝）〟という固定的な序列でなかったことが分かる。

朝鮮物の評価は、時期や地域、政治経済的環境などによっても異なった。たとえば、現在、東京芝の増上寺《ぞうじょうじ》に保管される三本の大蔵経は、伊豆修禅寺《しゅぜんじ》旧蔵の元版、近江菅山寺《かんざんじ》旧蔵の宋版、奈良円成寺《えんじょうじ》旧蔵の高麗版から構成されており、いずれも、江戸初期に徳川家康によって召し上げられたものである。ところが、円成寺は一〇五石、菅山寺は五〇石、修禅寺は四〇石、というように、蔵経召し上げ後の寺領加増《かぞう》にも差があった。この〝開き〟が何に由来するのか私にはよく分からないが、円成寺の加増額がもっとも大きかったのは、高麗版の優秀性、他に先駆けての献上ゆえともいわれている（宇佐見英治・田畑賢住『円成寺』）。高麗版蔵経の評価が当時いちじるしく高まっていた可能性もあるだろう。

繰り返しになるが、〝唐―高麗―和〟の序列がおおむね成り立つのは確かだとしても、一概にそうとは言い切れないことに注意しなければならない。実際問題として、こうした序列が固定してはいなかったというだけでなく、例外的あるいは反常識的事例がなぜ生ずるのか、そうした点を追究することにこそ、歴史学をふくむ経験科学の醍醐味があるはずだからである。

日朝牙符制のくびき

世祖朝の仏教奇瑞と大挙する祝賀使節たち

対馬・博多勢力の動向

嘉吉《かきつ》の乱・土一揆《つちいっき》といった争乱以後、落ち目の室町幕府を尻目に、「応永の外寇《がいこう》」(一四一九年)以後の国交交渉や、使船の水増し工作などで実力を蓄えてきた博多商人や対馬《つしま》宗氏《そうし》らは、対朝鮮通交権の集積に活発に乗り出していた。一四五〇年代半ばの畠山義忠を皮切りとする王城大臣使の「第一波」がその典型である(本書「偽使の登場」)。幕府はもともと、九州など遠国《おんごく》の事案には深入りしない方針で臨んでいたが、幕府体制の動揺により、これまで以上に幕府の目が届かなくなったのだろう。

長節子氏によれば、対馬宗氏による偽使創出の確実な初例は、一四五四年の「弾正少弼源弘《だんじょうしょうひつみなもとのひろむ》」(田平氏)にさかのぼるという(長『中世 国境海域の倭と朝鮮』)。これは、一四五五年の畠山殿の偽使(「第一波」の畠山義忠使送)登場とも時期的に非常に近い。長氏が指摘する通り、一四五〇年代、対馬島主宗成職《しげもと》の時代に、対馬での偽使派遣体制の形成が本格化したのであろう。そして間接的にせよ、この背景に、室町幕府の凋落や内政の混乱があったことは間違いあるまい。

さて、十五世紀半ば以降の組織的な偽使派遣は、歳遣船を最大五〇隻に制限した、一四四三年癸亥約条への対馬側の対抗措置であった（荒木和憲『中世対馬宗氏領国と朝鮮』・伊藤幸司「日朝関係における偽使の時代」・本書「偽使の登場」参照）。そうしたところに、彼らにとってさらに好都合な状況が訪れた。一四六〇年代、世祖朝下朝鮮国内で起こった仏教奇瑞《きずい》の数々である。前章（「文化交流と偽使問題」）でもふれたように、〝奇瑞を言祝《ことほ》ぐ〟という名目で、偽王城大臣使を含む数多くの使節が海を渡った。そのうえさらに、一四六七年、応仁《おうにん》・文明《ぶんめい》の乱という日本国内の混乱が重なってくるのである。この応仁・文明の乱と日朝通交関係とがどのように関連していたのかについては後ほど検討するとして、ここではまずは前章の延長で、この世祖朝の仏教奇瑞と偽使問題との関係を見ておくこととしよう。

世祖朝の仏教奇瑞

高橋公明氏によると、朝鮮では、おおよそ以下のような仏教奇瑞が見られたという（年月日は省略し、同じ寺院で同年に複数回見られた場合は一括して示す。高橋「朝鮮遣使ブームと世祖の王権」参照）。

一四六二年　上元寺（京畿道砥平県《けいきどうしへい》弥智山）……観音現相（現像）
一四六四年　檜厳寺（京畿道楊州牧天宝山）……如来現相・甘露など
　　　　　　円覚寺（京畿道漢城）……瑞気、五色瑞気、異香瑞気
一四六五年　円覚寺（京畿道漢城）……瑞気・舎利分身之異、瑞雲・雨花、須陀味之異など
一四六六年　長安寺・正陽寺・表訓寺（江原道淮陽郡金剛山）……甘露・雨花・瑞気・異香・放光・地動・双鶴飛翔など
　　　　　　上院寺（江原道《こうげんどう》江陵大都護府五台山）……舎利分身之異

円覚寺（京畿道漢城）……舎利・甘露・須陀味之異、瑞気・放光・雨花など

一四六九年　円覚寺（同右）……舎利分身

奉先寺（京畿道楊州牧注葉山）……天雨四花之異

実におびただしい数の奇瑞が生じていたことに改めて驚かされるだろう。なかでも、ソウルの円覚寺（現在のタプコル公園〈パゴダ公園〉）での仏教奇瑞が一際目につく。この円覚寺は、高麗時代の興福寺跡

図19　円覚寺址十層石塔（韓国・ソウル，1919年頃撮影）

『写真で見る近代韓国』上巻（ソムンダン，1986年）より転載．世祖により建立された円覚寺は，16世紀の燕山君以降，改廃され，現在はこの塔などわずかの痕跡を残すのみとなった．パゴダ（仏塔）公園の名前の由来となったのがこの石塔である．

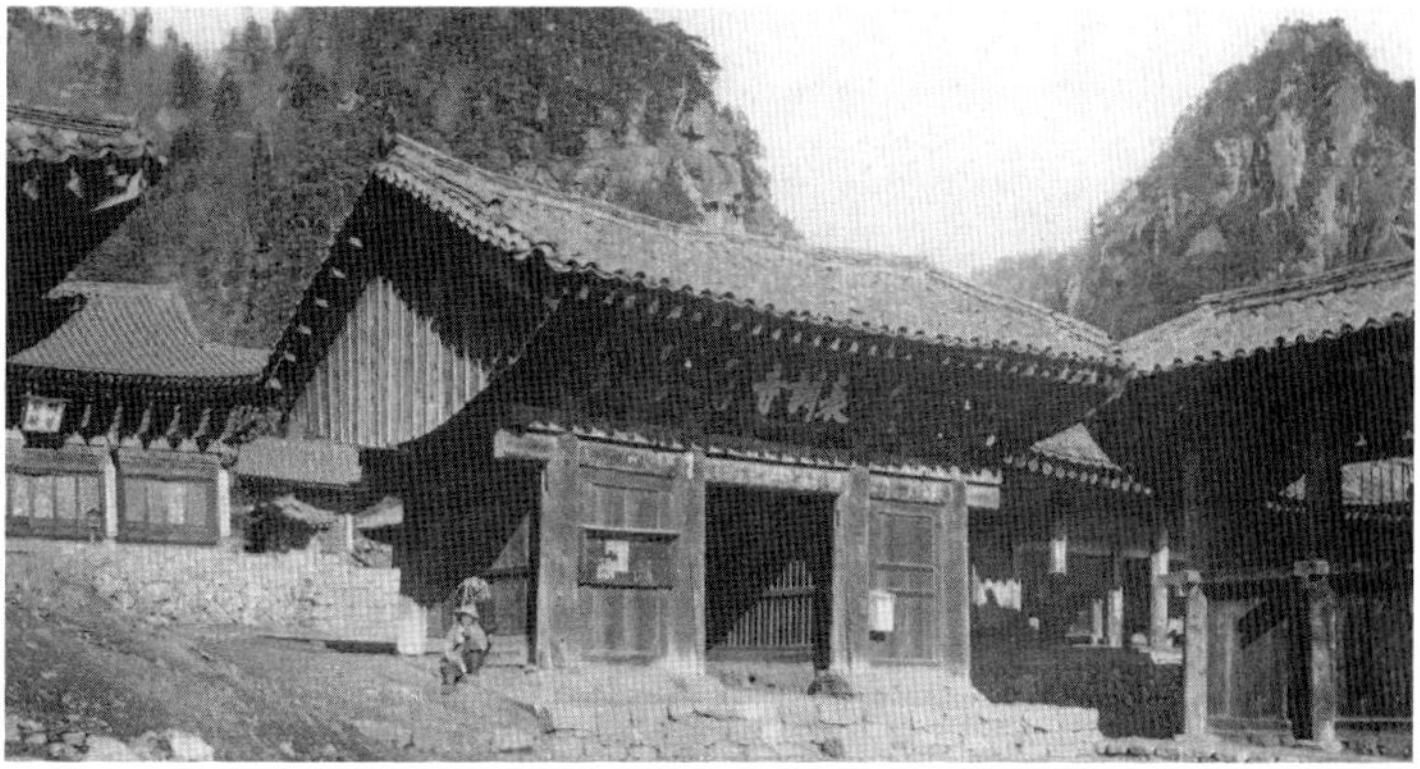

図20　金剛山表訓寺（江原道・高城郡，20世紀前半・植民地時代撮影）
『写真で見る近代韓国』下巻（韓国・ソムンダン，1986年）より転載．現在，北朝鮮に位置する金剛山は，曇無竭菩薩の聖地として知られた．

地に、世祖王自身により創建された寺院である。なお、世祖の遺体を安置した殯《もがり》のそばに建てられた仏殿にも、一四六八年には如来が現相し、またその翌年に雨花が降った奉先寺は、世祖当人の菩提寺《ぼだいじ》にほかならなかった。彼の死後も、仏教奇瑞はなおしばらく続いたわけである。

瑞祥祝賀使の本質

一四六二年の京畿道《けいきどう》弥智山上元寺の「観音現相」は、前章（「文化交流と偽使問題」）の霊彩《れいさい》の項でも詳論した通りである。そこでも述べたように、官僚崔恒によってパンフレット『観音現相記』が撰述され、朝鮮内外に広く喧伝《けんでん》された。また、ソウル周辺から朝鮮東部の聖地、金剛山・五台山にかけて起こった仏教奇瑞のピークは、高橋公明氏の指摘するように、一四六四〜六六年にあった。

　こうした世祖王権の仕掛けに応ずるかのように、一四六〇年代中葉から七〇年代初頭にかけて、仏教奇瑞を言祝ぐ名目の倭人使節が、つぎつぎと朝鮮に通交してきた。とくに、高橋氏の指摘するピークの直後に、多数の瑞祥祝賀使が登場している。野蛮で道徳心のない倭人たちが

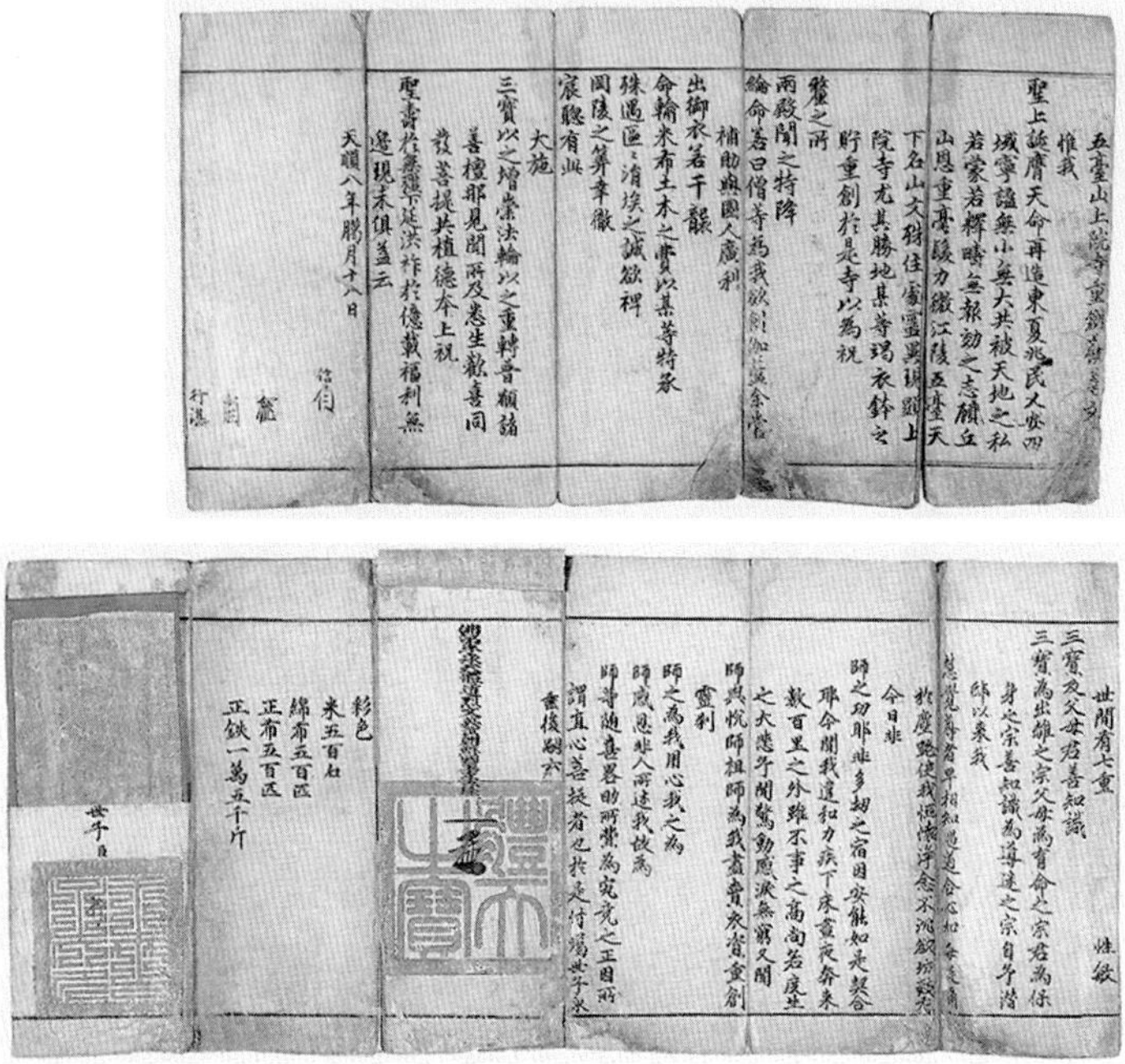

図21　五台山上院寺重創勧善文（上：冒頭部分，下：世祖王署名・捺印部分）

韓国の国宝292号，現在は上院寺麓の月精寺（韓国・江原道平昌郡）の所蔵．1464年に世祖王が同寺の重創を発願した際の勧善文（仏道・善行をすすめる文章）で，世祖の署名・手決（花押）に朱印「體天之寶」を捺す．いずれも韓国・文化財庁 HP より転載（写真提供：孫承喆氏）．

新王の徳を慕って朝鮮に〝朝貢〟してくるとすれば、それは大いに歓迎すべき事態であった。

このような倭人たちの動向を、高橋公明氏は《朝鮮遣使ブーム》と呼び、長節子氏はその使者たちを「瑞祥慶賀使」と名づけた。これらのブームに参加した「瑞祥慶賀使」の群れは総勢約八〇の名義を数え、ほとんどが素性の分からぬ人間の名を騙っていた。なかには、一四六八年に朝鮮にあらわれた「琉球国王弟閔意《みんい》」と称するような使節も含まれていた。この「弟閔意」とは、『海東諸国紀』に見える「琉球国中平田大島平州守等閔意《とうもんい》」とおそらく同一人物である。この不審な通交名義に関して、長節子氏は、文明十五年（一四八三）に対馬宗氏被官の津江《つのえ》右京亮《うきょうのすけ》に与えられた安堵状《あんどじょう》に「平田大嶋殿之書之事」と見えることを発見した。つまり、対馬宗氏（島主貞国）が「平田大嶋」（つまり等閔意＝弟閔意）名義の通交権を家臣津江氏に認めていたのである（「延宝二年御判形之写　町中」、長前掲論文）。この時期の瑞祥祝賀使の素性を考えるうえで、実に示唆的な事例ということができよう。

本書の「偽使の登場」で取り上げた王城大臣使の「第一波」も、実はこれと並行・類似する一群であった。たとえば、一四六〇年の畠山義就《よしひろ》の使節は、義就・義忠名義の上表文（君主に対して出す形式の上行文書）を二通もたらしたが（『朝鮮世祖実録』六年五月庚寅条）、主従関係にもない幕府の大名《たいめい》（幕閣クラスの有力者）が隣国の朝鮮国王に対して称臣・上表することは、東アジアの常識からすればありえない事態であった。このほかにも、仏像を贈り物として持参した一四五九年の山名教豊名義の使節（『朝鮮世祖実録』五年四月戊辰条）なども、高橋氏の推察通り、世祖朝の仏教奇瑞演出に敏感に反応したものと考えられる。

このように、彼ら倭人使節のほとんどは、世祖王の徳を必要以上に讃えるか、世祖王代に起こった仏教寺瑞を祝賀するという名目でやってきていた。繰り返しになるが、いずれも、王権簒奪《さんだつ》者世祖の足元を見、その弱みにつけ込んだ倭人たちの動きなのであった。

《朝鮮遣使ブーム》再考

高橋公明氏は、《朝鮮遣使ブーム》のうち、とくに幕閣《ばっかく》クラス名義の使節には偽使が含まれる可能性があるとしつつも、結果的に、これに参加した多くの「無名」の使者たちに比重を置いて議論を展開した。そして、第一にこのときの通交者に「無名」な使節が多かったこと、第二に「朝鮮から得られる恩恵もたいして期待できない」こと、第三にその根拠地が西日本から信濃（長野県）までに拡がっていること、さらに第四には、世祖の命令（使節の招聘）が「実現するまでに四年以上かかっていること」などを根拠に、彼らの多くがまったくの偽使とは見なせず、むしろ真使である可能性が高いと論じた。要するに、高橋説は、幕閣クラスの名義の使節は真偽不分明だけれども、日本各地からの有象無象の「無名」な使者たちは真使と見なしても構わない、という立場であった。そしてここから、彼らの間には朝鮮を「大国」と見なす「朝鮮大国観」が存在した、という見解を導き出す。これを積極的に支持したのが網野善彦氏であり（網野「地域史研究の一視点」）、学界にも大きな波紋をなげかけた。

しかし、この高橋説に対して疑問を呈する研究者も少なくなかった。村井章介氏は、《朝鮮遣使ブーム》の内情を理解するにあたっては、「朝鮮大国観」があったかどうかという対外観の問題はほとんど関係がなく、実際に通交した人間たちの経済的な関心や動機として説明すべき、と主張した。要するに、彼らの経済的動機を捨象して、外交文書にあらわれた文言や使者たちの朝貢的振る舞いを鵜呑みにすることに警鐘を鳴らしたのである（村井『アジアのなかの中世日本』補論1・第Ⅸ章）。

村井氏にもまして、より根源的な疑問を投げかけたのは長節子氏である。長氏は、一九八七年の高橋氏の歴史学研究会大会報告後の討論において、「祝賀国王使（寿藺が引導してきた心苑東堂のこと、本書でものちに詳述する）が偽使であることが朝鮮・日本の史料から判る以上、その他の無名の人々が本当に各地から来た者とは確定出来ない、偽使である可能性が強いので事実関係を明らかにした上で論ずるべきである、そうしなければ砂上に楼閣を築くことになりかねない」と発言したという（長「朝鮮前期朝日関係の虚像と実像」）。この長氏の疑問や懸念は、きわめて重要と考える。なぜなら、「朝鮮大国観」主唱者の高橋氏もその批判者の村井氏も、《朝鮮遣使ブーム》そのものの真偽を確かめぬまま、彼らの表面的な通交姿勢を議論するにすぎなかったからである。

常識的に考えると、偽使だからこそ臆面もなくできる発言や態度があるのではないか。あるいは、不自然な部分がどうしても残る偽使だからこそ、必要以上にへりくだり、朝鮮王朝側からの嫌疑をかいくぐる必要があった可能性もあろう。――朝鮮にあらわれた使者の真偽を等閑視したまま、通交者の動機や姿勢を論じていくのは危険である。そして、そうした通交姿勢や対外観といった抽象的な問題だけでなく、日朝関係史（あるいは朝日関係史）を基礎から構成し直すためにも、使者の真偽をできる限り明らかにしておくことは絶対に必要な手続きであろう。

再検討のための視点

その後の日朝研究史は、私自身のそれも含めて、《朝鮮遣使ブーム》の使節群が真使か偽使かという問題、いわゆる「偽使問題」の解明に進んでいった。ただ、論者によって、再検討の対象はまちまちであった。したがって、検討の対象となる時期や使節名義も、微妙にズレを見せる。たとえば、高橋公明氏の唱えた《朝鮮遣使ブーム》と、長節子氏や私の考えている概念や範疇、時期は、完全には一致していない。この違いを図式化して示すと、以下のようになる。

・高橋公明説の《朝鮮遣使ブーム》　一四六六年末～一四七一年
・長節子説の「瑞祥祝賀使」群　一四六六年末～一四七一年初頭
・橋本説の偽王城大臣使・「琉球国王使」　一四六九年末～一四八〇年

つまり、時間軸に沿って整理すれば「高橋説∩（長説＋橋本説）」となるし、名義の種類に注目すれば「高橋説∪長説＋橋本説（－「琉球国王使」）」となる。こうした違いは、それぞれの論者がいったい何を重点的に扱ったのかという、着眼点の相異にもとづいている。

長節子氏の瑞祥祝賀使論

長節子氏は、数量的に《朝鮮遣使ブーム》の大部分を占める雑多かつ零細な瑞祥祝賀使群（一四六六～七一年）に注目し、徹底的に再検討を加えた。総計約八〇名義にのぼるこれらの使節は、世祖朝の仏教奇瑞を言祝ぐという名分で通交してきたものだが、実際にはそのあとの睿宗・成宗代に大挙してやってきたものである。長氏によれば、この「祝賀使」とは、次の四種類の使節から構成されるという。

A　寿藺《じゅりん》・細川勝氏・祝賀日本国王使心苑東堂《しんえんとうどう》
B　祝賀使
C　寿藺護送
D　「宗貞国請」

この諸類型の出現時期の変遷を、長氏の論稿によりつつ若干の私見を交えて示すと、表5のようになる。この一覧をもとに長氏が描くシナリオは、おおよそ次のようなものである。

表5　瑞祥祝賀使の通交事由

年　代	祝賀使（B）	宗貞国請（D）	寿藺護送（C）
1466年（文正元・世祖12・丙戌）	1	0	0
1467年（応仁元・世祖13・丁亥）	22	0	5
1468年（応仁２・世祖14・戊子）	11	22	1
1469年（文明元・睿宗元・己丑）	0	12	0
1470年（文明２・成宗元・庚寅）	1（＝A）	0	6
1471年（文明３・成宗２・辛卯）	0	0	1

祝賀使（B）の通交があまりに多く、朝鮮側から煙たがられ、接待を受けられなくなると、その隘路《あいろ》を抜けるために「宗貞国請」（対馬島主宗貞国の要請）による通交（D）が現れた。そしてそれも行き詰まると、最後に真打ちともいうべき偽日本国王使（A）とその護衛使節（C）が登場した――というプロットである（この偽日本国王使（A）については本書後段でも詳しく取り上げる）。

要するに、これらは基本的にすべて同一ベースの遣使と考えられ、通交主体はほぼすべて対馬人であったと見られる。そして、彼らの通交を総括的に組織したのはほかならぬ対馬宗氏であったとも長氏は見通す。こうした長氏の推論の根拠は、大略、次の三点である。

①　通交名義が、朝鮮側から受けいれられやすいものに偏っている点。海辺の領主や「海賊大将」を自称する者など、倭寇対策に腐心していた朝鮮王朝にとって軽視できない存在を騙っているようだ。

②　祝賀使節が自然発生的に出現したとは考えがたい点。ふだん通交している通交者（受職人や歳遣船定約者など）が「祝賀」と称して現れてもよさそうなのに、通交して来ないのはかえって怪しい。祝賀使の名義のなかに対馬・壱岐《いき》の人間が含まれないのも不自然だ。偽使派遣統括者の対馬宗氏が、通交名義として「深処倭」（九州以東に住む日本人）の名前を

使用したのは、名義人が朝鮮から遠ければ遠いほど、朝鮮から支給される過海粮（朝鮮から本拠地までの食料）が多くなるからだろう。

③　通交名義のうち、実在したことの分かる人間がごく少数しかおらず、多くが非実在者・物故者である点。これは、モデルとなった人間に、対馬宗氏らが偽使通交を展開していることが露見しないようにするための工夫・詐術であったろう。

いずれも説得力に富む指摘であり、まったく異論はない。とりわけ、祝賀使の名義のなかに対馬・壱岐の人間が含まれないのは不自然（②傍線部）、という指摘には、目から鱗が落ちる思いであった。つまり、対馬人の名義が見られないということ自体が、逆に彼らが対馬人であったことを暗示しているのである。「西日本などの各地」からやって来たように見える祝賀使節の群れは、実際のところ、対馬ないし壱岐あたりから送りこまれたニセモノにほかならなかった。

なお、架空名義を活用するという③の〝偽使の技法〟は、一四七〇年以降登場した王城大臣使の「第二波」でも確認される。偽使創出の技術的到達点と言ってもよいだろう。

王城大臣使の重要性

有象無象の使節にもっぱら注目する高橋説・長説に対して、私は、《朝鮮遣使ブーム》と並行してあらわれた、「王城大臣使」（幕府要路の人間を騙る使節）や「琉球国王使」にメスを入れてきた（拙著『中世日本の国際関係』第一・二章）。数量的には決して多くないが、朝鮮での使節接待問題などを勘案すると、これらの使節の偽使問題こそまっさきに検討すべきだと考えたからである。

とくに、一四七〇～七一年にかけて朝鮮にあらわれた偽王城大臣使たちの素行はきわめて悪質であった。当時の朝鮮側史料には、「近ごろ、王城大臣の使いと称するもの、歳に十数を下らず、処々に稽留す。前年の秋の間に還浦し〔三浦に帰り〕、今年の春に至るも尽く回《かえ》らず、……民生困苦し、供頓〔一宿一飯〕の費、勢《せい》〔そのありさま〕、将《まさ》に支えざらんとす」（『朝鮮成宗実録』二年四月癸亥条）とある。大臣使・巨酋使は、国王使に次ぐランクの使節団であるために供応の費用がかさみ、しかも浦所に滞留してなかなか帰ろうとしなかった。その接遇費用が民衆に転嫁され、朝鮮の在地社会を圧迫することとなったわけである。王城大臣使の社会的影響の甚大さは明らかであろう。それゆえ私は、《朝鮮遣使ブーム》再検討の主柱を、偽王城大臣使に据えることに決めたのである。

これに加えて、後段でも論点の一つとなる、「日朝牙符《がふ》制」という符験制《ふけんせい》（符験とは勘合《かんごう》のような査照《さしよう》のこと）の導入と密接に関わるのが、この王城大臣使たちおよび日本国王使であった。放埒《ほうらつ》な海域世界に対して室町幕府権力が打ち込んだくさびが、日朝牙符という符験である。この牙符は、幕府権力が朝鮮とのあいだに設定した唯一の「狭義の符験制」なのであった。幕府権力と海域世界とのせめぎあいを考えるためにも、これらの名義に関わる偽使問題をまず片付けておかねばならない。

さて、これまであえて対比的に述べてきたが、実際には、長節子説と私見とはヴェクトルを共有している。というより、後学たる私が、長節子氏の実証研究の驥尾《きび》に付して研究を進めてきたと言った方が正確であろう。ただ、先にも述べたように、研究の対象や時期は一部重なりつつも微妙にずれている。つまり、長説の検討対象範囲が時期的に先行し（一四六六年末〜一四七一年初頭）、私の議論の主要部分の方が時期的に遅れるのだ（一四六九年末〜一四八〇年）。

実は、長説と卑見との重複部分に、興味深い分析対象が存在する。それは、一四七〇年正月通交の偽王城大臣使〈ないし偽日本国王使〈前述の長説のA使節〉〉、心苑東堂・寿藺書記らの一行である。この使節の理解に関しては、ごく細部を除き、長説と私見とはほぼ一致している。次節では、この使節を含む王城大臣使の「第二波」分析から説き起こし、当時の日朝関係の構造的特質に順次迫っていきたいと思う。

王城大臣使の「第二波」

王城大臣使の「第二波」

王城大臣使の通交は、「第一波」のあとも継続して見られたが、通交名義を見ていくと、ある画期が見出せる。それはほかでもない、王城大臣の使節が堰《せき》を切ったように大量に朝鮮に押し寄せた一四七〇年である。この年には、伊勢守政親・細川勝氏・細川持賢・「管提」畠山義勝・京極（多賀）高忠・甲斐政盛など、初めて現れる通交名義が集中していた（細川勝氏使送は本来「日本国王使」を騙っていたのだが――本書「偽使の登場」および後段参照）。本書では、とくにこの新名義による通交が始まる一四七〇年以後を指して、王城大臣使の「第二波」と呼ぶこととする。

最初に確認しておきたいのは、これら王城大臣使の「第二波」が、軒並みニセの使節であったという事実である。それは、一四七四年の日本国王使がもたらした国書および正使正球の証言により判明する。

その国書は、京都五山僧の横川景三《おうせんけいさん》が起草したものである。そこには、「細川・伊勢両氏の使と号する者、書を発して救を請う。而《しか》るに敝邑《へいゆう》（日本）実に之れを知らず。是れ奸賊、令を矯《いつわ》りて為す所なり」と記されていた（『朝鮮成宗実録』五年十月己酉条・『補庵京華前集』・『善隣』中37号）。これ以前に朝鮮側が偽使と疑って幕府に照会した細川勝氏・伊勢守政親名義の通交を、幕府・五山側も偽使によるものだと確認したのである。

遣朝鮮正使正球《しょうきゅう》の証言も、偽使の存在を白日のもとにさらした。正球は、最近の王城大臣使の書契（外交文書）を一覧し（『朝鮮成宗実録』十年三月辛巳条）、各書契に捺された印鑑がでたらめであることを指摘したのである（『朝鮮成宗実録』五年十二月甲申条）。

さて、ここで話題となっている細川勝氏使送は、もともと「日本国王使」（正使心苑東堂《しんえんとうどう》・副使宗紹《そうしょう》書記）を名乗っていたらしい。だが、朝鮮王朝は、実際にはこれが偽使であることを見抜いていた。ただし、世祖・成宗父子の王権の体面を守るため、朝鮮国内では一貫して日本国王使として遇することにしたようである（長節子「朝鮮前期朝日関係の虚像と実像」）。一方、偽の日本国王使だと言いがかりをつけて、万一それが真使であった場合には、国際問題に発展しかねない。あるいは逆に、偽使を歓待してしまったら朝鮮王朝の過失を世間にさらすことにもなるだろう。それゆえ朝鮮王朝は、日本側にはあくまで、この使節を準備した「細川勝氏」なる人物の使送として、婉曲に照会したものと思われる。

ニセモノの日本国書

朝鮮側がこの使節を偽使だと見抜くに至った最大のポイントは、中国（明）が日本に（朝鮮にも）賜与していた「金印」の再造給を、中国でなく朝鮮王朝に求めてきた点にある。次の「国書」を見てほしい（とくに傍線部分に注目されたい）。

日本国王源義政、遣心苑東堂等来聘、其書曰、「朝鮮国王殿下来書之旨、睿知高明、如日照臨、似春煦育、倬彼雲漢、為章于天、其此之謂乎、臣僧寿藺幷松見、能尽皇華之美、以達扶桑之都、而伝千里忞々者、不亦悦哉、茲承上国之佳勝、山曰『金剛』、寺『楡岾』、曇無竭菩薩説法之地也、車駕入山、現雨華動地之瑞、冕旒輝世、呈橘雲甘露之祥、聖徳所感、万倍恒情、唐之憲宗、礼舎利而慶雲見、宋之哲宗、修蘭若而甘露降、以古視今、其揆一也、華厳論云、華蔵二十重世界、其第一、有金剛輪之山、造化鐘秀于此、玻瓈雲、玻瓈月、賁阿僧祇之楼、瑠璃水、瑠璃枝、繞魔訶衍之岸、蓋与曇無竭大士之金剛地、一多渉入行布円融者也、茲加修営、益増光飾、此獲雑華富貴、安国利民之善果必矣、我国累年姦賊作乱、雖云楯上磨墨、未及槖中揮金、洛之寺院、官之蔵庫、尽化欝攸之土、夫際七火三災之時乎、是故**朝鮮金印**、既失其宝、奚媲裴晋公失印不問之道耶、伏希附僧寿藺、**再賜金印**、永修隣交、幸莫大焉、惟時孟春、未遑折梅、擬越国之贈大平有日、庶幾指蓂同堯階之風、恵物若干、録於別幅」、

〔訓み下し（一部中略）〕　日本国王源義政、心苑東堂等を遣わして来聘す。其の書に曰く、「朝鮮国王殿下来書の旨、睿知高明たること、日の照臨するが如く、春の煦育《くいく》〔あたたかくはぐくむ〕するが似《ごと》し。倬《たく》たる〔長遠な〕彼の雲漢〔天の川〕、章《あや》を天に為すは、其れ此の謂い乎《か》。臣が僧、寿藺幷びに松見、能く皇華の美を尽くし、以て扶桑の都〔日本京都〕に達し、千里忞々《びんびん》〔こまごましていてよく理解できない〕を伝うるは亦《ま》た悦ばしからず哉《や》。茲《ここ》に承るに、上国の佳勝、山は『金剛』と曰《い》い、寺は『楡岾』〔と曰う〕、〔これは〕曇無竭《どんむかつ》菩薩が説法の地なりと〔典拠は『華厳経』菩薩住処品など〕。〔朝鮮国王の〕車駕、山に入り、雨華〔雨花〕動地の瑞を現わす。冕旒《べんりゅう》〔冠の前後に垂れ下げる飾り玉〕、世を輝かし、橘雲・甘露の祥を呈す。……華厳論に云わく『華蔵二十重世界、其の第一、金剛輪の山有り。造化〔万物流転〕して秀を此《こ》こに鍾《あつ》め、玻瓈《はり》雲・玻瓈月、阿僧祇《あそうぎ》〔無数〕の楼を賁《かざ》る。瑠璃《るり》水・瑠璃枝、魔訶衍《まかえん》〔大乗〕の岸を繞《めぐ》らす』と。蓋《けだ》し曇無竭大

士の金剛地を与《もつ》て、一・多〔一法門・多法門〕渉入、行布・円融の者なればなり。茲に修営を加え、益ます光飾を増す。此れ雑華《ぞうげ》〔種々の色の花〕の富貴《ふうき》を獲《え》、安国利民の善果を必せり矣。我が国、累年姦賊乱を作《な》し、楯上に墨を磨くと云うと雖も、未だ橐中《たくちゅう》〔ふいご〕の揮金《ききん》〔輝く金〕に及ばず。洛の寺院、官の蔵庫、尽く欝攸《うつゆう》の土と化し、夫れ七火三災の時に際《あ》わん乎《か》。是の故、**朝鮮金印**、既に其の宝を失う。奚《なん》ぞ裴晋公〔唐代の進士裴度〕失印不問の道《ことわり》に媲《なら》ばん耶《や》。伏して希《ねが》わくば僧寿藺に附して、**金印を再賜し**、永《とこしな》えに隣交を修むれば、幸い焉《こ》れより大なるは莫《な》し。

……」と。

（『朝鮮成宗実録』元年〈一四七〇〉八月庚午条）

朝鮮仏教の根本経典たる『華厳経』を織りまぜながら、世祖王の仏教奇瑞を改めて言祝《ことほ》ぐ内容である。朝鮮側に積極的におもねる姿勢が明瞭に見てとれるだろう。もちろんこれは偽使派遣勢力のつくったもので、要するに真っ赤なニセモノである。

東アジア世界においては、「金印」に限らずとも、隣国に印章を贈る〔送る〕ことは君臣関係を前提としなければ考えがたい。当時の明皇帝を中心とする華夷《かい》秩序のもとでは、朝鮮も日本も形式的には同列、すなわち「敵礼」の関係にあった。要するに、この程度の常識すら、対馬宗氏ら偽使派遣勢力は持ち合わせていなかったのである。

そして、この国書において、「金印」の預け先が日本国王使心苑東堂でなく、同行者の僧寿藺とされていた点は注目される。この偽日本国王使の計画の中枢に、僧寿藺がいたことはまず間違いない。

この寿藺は、日本に帰ってきて京都に上り、東福寺に宿泊したというが〔『海東諸国紀』細川勝氏条〕、現実の幕府・五山から国書を預かったとの徴証《ちょうしょう》は史料上存在しない。ただ、ちょうどこの通交に相当する時期の応仁《おうにん》の乱《らん》のさなか、「東福門下の僧」を国王使として派遣する計画が持ち上がっていた。ところが、その国書の執筆を綿谷周瓞《めんこくしゅうてつ》が終始固辞したため、この国王使派遣計画は頓挫してしまった（瑞溪周鳳《ずいけいしゅうほう》撰『綿谷瓞禅師行状』）。この「東福門下の僧」が、「国王」正使心苑東堂（あるいは副使宗紹書記または寿藺）である可能性はきわめて高く、彼らはこの幕府外交の〝空白〟を利用して国書を偽造し、偽日本国王使をでっちあげたのではなかろうか。

偽使の通交をあばく朝鮮国書

次に、このニセの日本側国書に応じて出された、朝鮮側の外交文書（返書）を読んでみたい。「細川勝氏」名義の使節、すなわち偽の「日本国王使」を端《はな》からいぶかしむ内容で、伊勢守政親なる名義の使節の帰国時に渡されたものである。敵礼関係を考慮したためか、礼曹判書金謙光の名義で出されている。

> 日本国伊勢守〔衍カ〕守政親使入道等辞、其答書曰、「礼曹判書金謙光、報復、今者使人来、得恵書、備認動履佳勝為慰、仍審貴国兵禍未弭、足下為国深慮、承稟国王殿下之命、裁書遠達、以索軍需、夫救患分災、交鄰大義、豈宜不恤、具由以啓、我　殿下深加愍念、命副所請、第因我国臣民亦無禄、連遭国恤、調度浩繁、略備正布一千匹・緜布一千匹・糙米五百石碩〔衍カ〕、就付回使、非靳惜也、顧力不贍耳、転達国王殿下、為幸、足下所進礼物、謹已啓納、其回賜物件、具在別幅、照領亦幸、今聞足下為王喉舌、出納庶政、凡於交鄰之事、在所致慮、我国之於貴邦、自昔通好、信義極篤、安得不以情陳、今来細川三河守勝氏書称、『**国王之印**、燬于兵火、乃求再送』、悉考旧籍、曽無**送印**之事、況隣境列国、以印相送、於名義何如、肆未従請、又有細川持賢之使来言『持賢乃源勝元之子、山名女壻、

勝元既死、持賢方与山名、挙兵相攻』、路遠海隔、未審情偽、乃念昔者国使之外、或有称管領之使者、然亦必承国王之命耳、今者管領・細川持賢・細川勝氏・畠山源義勝・畠山源義就・山名教豊・山名宗全之輩使船絡繹、貴使所見聞也、其根脚端由、皆所未悉、其館待節目、恐有踈誤、況私交之事、恐為国王殿下所訝、足下既在啓沃之任、願有所稟、詳在還使、余冀順時調保」、別幅、「白苧布十匹・黒麻布十匹・白綿布十匹・白綿紬十匹・虎皮三張・豹皮三張・栢子十五斗」、

［訓み下し（一部中略）］　日本国伊勢守政親使入道等辞す。其の答書に曰く、「礼曹判書金謙光、報復す。今者《このごろ》使人来たりて恵書を得《え》、備《つぶ》さに動履〔ご様子・ご容態〕佳勝なるを認《し》りて慰《い》と為す。仍《な》お審《つまび》らかにす、貴国兵禍の未だ弭《や》まず、足下〔伊勢守政親〕国の為め深慮し、国王殿下〔「日本国王源義政」〕の命を承稟《うけたまわ》り、書を裁《つく》りて遠《はる》かに達し、以て軍需を索《もと》むるを。夫《そ》れ救患分災は交鄰の大義にして豈《あ》に宜しく恤《あわれ》まざるべけんや。由《ゆえ》を具して以て啓せば、我が殿下、深く愍念を加え、請う所に副うるを命ぜり。第《た》だ我が国臣民も亦た禄無く、連《しき》りに国恤《こくじゅつ》に遭い、調度浩繁なるに因《ちな》み、略《ほ》ぼ正布一千匹・綿布一千匹・糙米《そうまい》五百碩《せき》を備え回使に就付《しゅうふ》す。靳惜《きんせき》〔おしみけちること〕するに非ざるなり。力の贍《た》らざるを顧みられ、国王殿下に転達さるれば幸いたり。足下の進むる所の礼物、謹みて已《すで》に啓納〔朝鮮国王に献納〕せり。其の回賜の物件は具《つぶ》さに別幅に在り。照領さるれば亦た幸いなり。今聞く、足下〔伊勢守政親〕、王〔日本国王〕の喉舌と為りて出納・庶政し、凡そ交鄰の事に於いては〔政親の〕致慮する所に在りと。我国の貴邦に於いて昔より好《よし》みを通わし、信義極めて篤く、安《いずくん》ぞ以て情陳せざるを得ん。〔ところが〕今来たる細川三河守勝氏が書に称すらく、『**国王の印**、兵火に燬《こぼ》ち、乃ち再送を求む』と。悉《ことごと》く旧籍を考ずるも、曾《かつ》て

送印の事無し。況《ま》して隣境の列国、印を以て相送ること、名義に於いて何如《いかん》。肆《ゆえ》に未だ請に従わず。又た細川持賢の使い来《きた》りて言える有り、『持賢、乃《すなわ》ち源勝元の子にして山名の女壻《じょせい》〔むすめむこ〕なり。勝元既に死し、持賢方と山名と、兵を挙げて相い攻む』と。路遠く海隔て、未だ情偽〔まことといつわり〕を審らかにせず。乃ち念《おも》う、昔は国使の外《ほか》、或いは管領《かんれい》の使いと称する者有るも、然《しか》りて亦《ま》た必ず国王の命を承るのみ。今者《このごろ》管領・細川持賢・細川勝氏・畠山源義勝・畠山源義就・山名教豊・山名宗全の輩の使船絡繹《らくえき》〔続々とつづくこと〕すること、貴使の見聞する所なり。其の根脚・端由、皆な未だ悉《つく》せざる所にして、其の館待節目、踈誤有るを恐る。況んや私交の事、恐らく〔日本〕国王殿下の訝《いぶか》しむ所為らん。足下、既に啓沃〔つつみかくさず主君に申し上げる〕の任に在らば、願わくば稟する所有らんことを。詳しくは〔詳細の情報は〕還使に在り。余《よ》は順時調保を冀《こいねが》う」と。

（『朝鮮成宗実録』元年〈一四七〇〉九月壬寅条）

要するに、隣国から金印など送るはずもないのに、どうして再請求などしてきたのだ、と論難する内容だ（傍線部ゴチック部分を参照）。婉曲な表現だが、偽使であることを指弾する内容にほかならない。先述した通り、朝鮮側は、この寿藺がらみの「日本国王使」が偽使であると確信していたのである。

また、この返書の宛先の伊勢（守）政親なる人物は、当時の現実の幕府には存在しない。明らかに、現実の政所執事伊勢貞親をモデルとして作られた架空人物である。当然、この朝鮮側返書（礼曹判書金謙光の書）が幕府・政所に届くことはなく、対馬宗氏《つしまそうし》ら偽使派遣勢力の手でにぎりつぶされたことだろう。もちろん、朝鮮側もそのことは当然想定していたはずである。偽使派遣勢力に対して、その詐欺行為に釘を刺すのが主眼であったと思われる。対馬側にしてみれば、自身の偽使工作が完全に朝鮮から看破されてしまったことを知り、相当に肝を冷やしたのではなかろうか。

さて、この朝鮮礼曹判書からの返書の後半を見れば分かるように、王城大臣使の「第二波」が現れた後にも、「第一波」から継続して現れる名義が存在していた。畠山義就《はたけやまよしひろ》・山名教豊《やまなのりとよ》（宗全《そうぜん》）・京極生観《きょうごくしょうかん》の三名義である。この三者の名義の使節も、先の正球の証言などから考えれば、とうぜん偽使用の仮託名義であった可能性が指摘できよう。

おそらく、「第一波」と「第二波」とはある意味で連続したものであり、基本的には対馬宗氏が企画を主導した偽使であったと考えられる。そして、「宗貞国請」（長節子氏のいわゆるD類型）であるにもかかわらず、瑞祥祝賀使の通交が受け入れられなくなった一四七〇年が、王城大臣使の「第二波」登場の時期と符合する点も実に示唆的である。「瑞祥祝賀」によって膨れ上がった偽使通交のバブルを維持・拡大すべく、王城大臣使の「第二波」が生み出されたと見て間違いあるまい。

博多商人の関与とその背景

ただし、王城大臣使の「第一波」と「第二波」がともに対馬宗氏の企画・主導による偽使であったとしても、経営面で同種であった保証はない。実際、一四七一年以降、継続的に登場する偽の「琉球国王使」は、使者となった人間の顔ぶれから見て、博多商人が企画・出資し、対馬宗氏がそれに積極的な援助を与えていたとおぼしきものだ（拙著『中世日本の国際関係』第二章）。この偽琉球国王使と同様に、この時期になって初めて登場する「第二波」の王城大臣使の経済的な出資者（経営主体）は、博多商人と見るべきではないだろうか。

なぜこのように考えるかというと、当時の対馬島主宗貞国が、応仁・文明の乱に乗じて、かつての主君である少弐頼忠を擁し、まさしく博多地域に進軍していたからである（佐伯「大内氏の筑前国支配」）。

一四七〇年以降の偽王城大臣使の大量通交や、一四七一年以降の偽琉球国王使の登場の背景に博多商人の参画・関与例が散見されるのは、こうした事態が背景にあったのではないか。

また、筑前博多地区に出された宗氏の宛行《あてがい》・安堵状《あんどじょう》の受給者のなかには、応仁度遣明船《けんみんせん》の千貫文衆・五百貫文衆となった有力博多商人＝奥堂《おくのどう》右馬大夫の名前も見える（『筥崎神社文書』「御油座文書写」文明三年卯月十日宗兵部大輔直家安堵状、『戊子入明記』）。つまり、対馬宗氏と博多商人の間には、明らかに政治的・経済的な接触があったわけである。

当然、両者のあいだには、貿易活動上の結託も生じたと想定すべきであろう。博多商人の旧来の土地や得分《とくぶん》を安堵するだけでなく、積極的に朝鮮貿易に参画させることが、彼らを引きつけるもっとも有効な手段であったことは想像に難くない。また逆に、博多商人にしてみれば、朝鮮へ通交するために必要な「文引」（渡航証明書）の発給権限を持つ対馬島主宗貞国が、当地に進軍してきたのである。千載一遇のチャンスを逃がす手はない。博多商人たちの要求に対して対馬宗氏が用意した通交権益こそ、一四七〇年以降新たにあらわれた偽王城大臣使の「第二波」だったのではないだろうか。

さらに想像をたくましくすれば、実在名義人の実名をそのまま利用する（しかし肩書きなどにフィクションを含む）「第一波」を送った勢力と、後述するように完全に架空の非実在人物を名義人とする「第二波」を仕立てた勢力とのあいだには、ある種の〝棲み分け〟があったと思われる。具体的にいえば、「第一波」の経営主体は対馬勢力、「第二波」のそれは博多商人、という区分である。推測を重ねた結論ではあるが、「一四七〇年」が画期となっている点、そして、それが対馬島主宗貞国の筑前博多出兵の時期に重なる点を考えれば、こうした経営主体の〝区分〟はそれほど突飛な想定でもないように思う。

「第二波」の主要メンバー

① 細川勝氏

順序としては逆になったが、王城大臣使の「第二波」における、通交名義の不自然さを改めて確認しておきたい。本書では隈なく紹介する余裕がないため、「第二波」の〝主要メンバー〟ともいうべき細川勝氏と畠山義勝とに登場してもらうことにしよう。

まずは前者の細川勝氏からである。彼本人や彼が遣わしたという使者、およびそれに深く関わった僧寿藺については、『海東諸国紀《かいとうしょこくき》』のなかで次のように詳述されている。

又た細川勝氏有り。勝源〔元カ〕の従兄弟なり。文明二年庚寅〔一四七〇〕使いを遣わし来朝す。初め上松浦那久野〔名護屋〕藤源〔藤原〕朝臣頼永、寿藺書記を遣わし来朝す。時に我が世祖、方《まさ》に信《よし》みを日本国王に通わすことを議す。風水険遠を以《もっ》て、諸酋使に因《よ》りて使いと為さんと欲す。時に館に在る者に問わば、則《すなわ》ち寿藺、其の中《うち》に於いて稍《やや》事を解す。遂に命じて書と礼物とを授け、以て国王に送らしむ。又た礼曹に命じ、書もて大内殿及び頼永に諭して護送し、兼ねて賜物を致さしむ。文正元年丙戌〔一四六六〕五月、〔世祖王の〕命を受けて去《ゆ》く。庚寅〔一四七〇〕乃《すなわ》ち来たる。寿藺言《もう》す、「其の年六月、上松浦に還りて船を修め、備《つぶ》さに行装《ぎょうそう》し、丁亥〔一四六七〕二月、上松浦より国都〔日本の京都〕に発向す。都が中に兵起こり、海賊充斥し、南海路も梗《ふさ》がるれば、北海に従《よ》りて往く。四月、始めて若狭州〈倭訓臥可沙《わかさ》〉に到り、国王に馳せ報ず。国王兵を遣して之れを迎う。然るに盗賊縦横し、或いは間道に従い、或いは留滞備《きわ》まり、艱苦を経、凡《およ》そ六十日にして国都に達するを得《う》。書と礼物とを国王に致し、東福寺に館《やかた》す。国王、方に細川殿が陣中に在りて、山名殿と相持す。未だ修答に暇《いとま》あらず、戊子〔一四六八〕二月に至り、答書を受く。国王、答使無かるべからざるを議す。又た勝氏に命じて方物を備え使いを遣わす。勝氏自ら書を為《つく》り、心苑東堂等を遣わし、寿蘭と偕《とも》に来らしむ」と。寿蘭又た言す、「大内の処の書と賜物とは、使人の伝送するも海賊の掠《かす》むる所と為《な》る」と。其の言う所、多く浮浪にして、尽《ことごと》くは信ずべからず。

〔意訳〕　細川一族には、また「細川勝氏」なる者もいる。勝源〔勝元に仮託した偽名か誤植か〕のいとこである。一四七〇年に遣使してきた。なお、その彼（の使節）に関する話は、上松浦名護屋の松浦党の藤原頼永が寿蘭を遣わしてきたことにさかのぼる。そのころ、世祖王はちょうど日本国王へ通信使を遣わそうと考えていたが、風路険悪などを理由に、むしろ朝鮮にやってきていた「諸酋使」（守護大名から中小領主クラスまでの領主層による遣使）に使命を委託してしまおうと考えた。ソウルの倭館（東平館）に滞在している者のなかでは、この寿蘭が事態の飲み込みが比較的よかったので、そのまま彼に朝鮮からの国書と礼物とを預けて日本国王のもとへ派遣した。礼曹には、大内氏や頼永に対し、寿蘭の護送を依頼させた。それが一四六六年五月のことであり、寿蘭が使命を終えて朝鮮に帰って来たのが一四七〇年であった。寿蘭の語るところによれば、「……（兵乱のため日本海ルートで若狭を経由したが）盗賊が多く、脇道をつかったり、なかなか進めなかったりして、二ヵ月ばかりして（一四六七年六月頃）ようやく京都に到着しました。国書と礼物とは国王に届け、私（寿蘭）は東福寺に宿泊しました。ところが、国王〔足利義政〕は山名氏と戦闘中で、細川氏の陣中にいるため、返書や返礼品を用意することができません。なんとか翌六八年二月に返書を授かりましたが、国王〔義政〕は返使や返礼品がいるだろうということで、（陣中の）細川勝氏に命じて準備させ、心苑東堂らを送ることにいたしました。私はこれに同行してきたわけです」。寿蘭はこうも言った。「大内氏のもとへ礼曹がおくった外交文書や贈り物は、使者が人づてに送ったのですが、盗賊にすべて奪われてしまいました」。こやつの言うことは大体がいい加減で、すべてを信用することはできない。

（『海東諸国紀』日本国紀―山城州―細川殿条）

常識的に考えて、現実に将軍義政を擁していた細川勝元こそ、「細川勝氏」のモデルであっただろう。つまり、細川勝氏とは完全に虚偽の名義で、勝元の実名をわざと一字違えて作った虚像だと考えられる。ところで、ここで詳述されている、かの禅僧寿藺は、法系こそ不明だが、道号は「全壁〔璧カ〕」だということが判明する（徐居正『四佳文集』巻五、「送日本国僧藺上人詩序」）。つまり、四字連称ではおそらく「全璧寿藺」となる。また、右の『海東諸国紀』に見える彼の発言によると、日本海ルートを取り、若狭から上洛して京都の東福寺に泊まったことになっている。実際、寿藺かその関係者とおぼしき僧が東福寺の華岳建冑のところにまで来ていたことは、先述したように、瑞渓周鳳撰『綿谷瓞禅師行状』により確実である（史料には「東福門下の僧」とあらわれる）。

寿藺は何者か　ここでさらに注目されるのは、彼が「長洲島」つまり長門《ながと》国の出身を自称していた点だ（金宗直『佔畢斎《てんひつさい》集』巻一、「送蘭上人還日本序《りんしょうにんのにほんにかえるをおくるのじょ》」）。もとよりこれを妄信するのは危険だが、まったくの虚言として捨て去るのも惜しいように思う。人間のウソには、幾分か真実が含まれているものだからである。もしこの発言に真実が潜んでいるとすれば、寿藺は大内氏領国の長門出身で、当地の政治社会状況にもあかるく、博多などで活躍していた禅僧、と考えることも可能なのではなかろうか。

なお、寿藺という法諱《ほうき》の系字「寿」は、臨済宗聖一《しょういち》派（例、栗棘門派《りつきょくもんば》の金渓寿范）や同幻住《げんじゅう》派（例、月舟寿桂）、同夢窓《むそう》派（例、霊松門派の粛元寿厳、寿寧門派の古先寿兆）など多くの法統に検出されるが、実は、瑞渓周鳳《ずいけいしゅうほう》（夢窓派大慈門派）の法統（景甫寿陵ら）やその周辺に非常に多く確認される（たとえば、瑞渓の法姪にあたる綿谷周瓞《めんこくしゅうてつ》の弟子の文摠《ぶんそう》寿顕ほか）。寿藺が仮に夢窓派大慈門派の僧であれば、同じ門流の綿谷が国書起草を拒み、日朝外交に空白地帯が生じたという情報はすぐに伝わってきたはずである。邪《よこしま》な弟子（寿藺）が先生あるいは先輩（綿谷）の動向をうかがい、「東福門下の僧」（心苑カ）と共謀して偽日本国王使を創出した――というのは、話ができすぎているだろうか。

「第二波」の主要メンバー

②畠山義勝

次に、「畠山義勝」なる人物にスポットを当ててみよう。

次ページに示した日朝双方の史料に見える畠山氏の系図から分かるように、朝鮮側の系図では、畠山満慶《みつのり》・満家《みついえ》が消えている。さらにいえば、能登畠山家に関して、実在したはずの義有《よしあり》も見られない。ただし、この義有は早逝し、嫡孫の義統《よしむね》が継嗣となったため、文明年間（一四六九～八七）にはこの義統が能登守・能登守護の地位にあった。したがって義勝＝義統と考えれば、矛盾は解消される。実際、そのように理解するのがこれまでの研究や地方史記述の大半であった。

しかしながら、こうした誤記や矛盾に目をつぶる姿勢には従えない。というのも、こうした〝誤認〟が生まれた原因として、朝鮮側の認識力の低さや、外国史料であることを想定するのは無理だからである（本書「偽使の登場」参照）。『海東諸国紀』や『実録』は、承文院（国王の秘書官庁）や礼曹（外務省に相当）の謄録類を下敷にして作られており、しかもその謄録自体、ほかならぬ使者たちのもたらした外交文書や発言内容を情報源としていた。つまり、日朝史料間に横たわる〝矛盾〟は、使者たちが朝鮮に

表6　朝鮮側史料と日本側史料に見る官職・官途の相違

名　義	(朝鮮側史料)『海東』·『実録』	(日本側史料)「畠山系図」	備　考
畠山義忠	管提／修理大夫	能登守護／能登守／修理大夫	当時の管領は細川勝元
畠山義就	管提(1465年のみ？)／雍河紀越能五州総太守／右金吾督	伊予守／右衛門佐	当時の管領は畠山政長
畠山義勝	管提(管領)／左京大夫	——	当時の管領は細川勝元
畠山義統	——	能登守護／能登守／左衛門佐／補管領※	※は津川本のみに所見

朝鮮側史料『海東諸国紀』による畠山氏の系図

♀
├義忠――義勝
└徳本(持国)――義就

日本側史料「畠山系図」による畠山氏の族系

♂
├満慶―義忠―義有―義統（能登畠山家）
└満家―持国(徳本)―義就（畠山本宗家）

渡ってくる以前、つまり偽使派遣勢力の画策により生まれたと解するべきなのである。

また、畠山殿に関して、日朝史料上の官途や職名についてまとめると、表6のようになる。たとえば、義就の職名については、一四六九年分は不明だが、一四六五年には「管提」の肩書を用いていた（『朝鮮世祖実録』十一年十二月戊子・十二年正月乙巳条）。当時の現実の管領《かんれい》は畠山政長で、当然これも詐称・僭称《せんしょう》である。義就《よしひろ》の第一回通交時に、それまで「管提」職に任じていた義忠使送と同時入朝しているので、義忠の「管提」職を義就が襲ったという設定だったのだろう。

問題の畠山義勝は、初度の通交（一四七〇年）から官職が「管提」である。おそらく、先に見た義就から「管提」職（朝鮮側の認識では幕府管領のこと）を譲り受けたという筋書きなのだろう。義勝は、その後も一貫してこの「管提」の肩書を使用している（一四七三・七四・八〇年）。だが現実には、当時の管領は細川勝元であり、これまた詐称というべきである。さらに、義勝（架空）・義統（現実）の官途はそれぞれ左京大夫・左衛門佐で、一致していない。やはり、「管提」畠山義勝と能登守護畠山義統とはまったくの〝別人〟であり、前者は後者をモデルに作られた虚像だったのである。

以上見てきたように、現実の畠山氏とは異なる「畠山殿」の系譜が朝鮮側に伝えられていたことが判明した。しかも、虚像の畠山義忠・義就・義勝が「管提」職の相伝者と設定されていたことも注目される。この設定は、朝鮮側に畠山殿の使送を重要視させるのに大いに役立っただろう。王城大臣使の「第一波」くらいまでは斯波《しば》氏（「左武衛殿《さぶえいどの》」）が管領として重視されていたが、「第二波」あたりからはこの「畠山殿」が王城大臣の筆頭と考えられたはずである。

問題は、三管領の家柄のなかで、なぜ斯波氏でも細川氏でもなく、畠山氏が選ばれたかである。これについて断案はないが、第一に現実の斯波氏が凋落《ちょうらく》傾向にあったこと、第二に京都に至った最後の通信使が入京した際の管領、すなわちホスト役が畠山持国であり、対馬宗氏や朝鮮王朝としても管領＝畠山殿というイメージが強かったことが影響した可能性を指摘しておく。

対馬の外交文書偽造スタッフ

偽使派遣勢力の主要な一角を占める対馬にあっても、禅僧を確保できるかどうかはやはり決定的な問題だった。外交文書を起草するには、漢文・漢籍に長けた禅僧が適任だったからである。一四五〇年代後半「第一波」のころは、対馬宗氏が文引などを担当させた、対馬船越の梅林寺鉄歓が有力な候補とされている（『寛政重修諸家譜《かんせいちょうしゅうしょかふ》』巻五〇一、宗貞盛条）。また、一四六三年以後は確実に、対馬で偽使創作に関与していた人物がいる。後世、「朝鮮書翰僧ノ始祖」（川本達『西山寺縁起』）と呼ばれた仰之梵高《こうしぼんこう》である。

仰之梵高は、一四六三年日本国王副使として朝鮮に通交した、天龍寺華蔵門派《けぞうもんぱ》（妙智院《みょうちいん》）の五山僧である（唐坊長秋『十九公実録』「円通公実録」嘉吉三年癸亥条）。使命である大蔵経の獲得を果した帰途、対馬島主宗貞国に請われて対馬にとどまることとなり（泉澄一「室町時代・対馬における仰之梵高和尚について」）、梅林寺に景徳庵を開創して住した（『異国使僧小録』等堅条）。「宗氏の歴史を考察する際の基本史料」といわれる「順叟大居士即月大姉肖像賛幷序」は、仰之の残した現存唯一の同時代史料である（長節子『中世日朝関係と対馬』第一部参照）。また彼自身、朝鮮へ渡航したことも確認されている（『朝鮮成宗実録』十六年十月乙酉条など）。そして、『十九公実録』には仰之梵高が「文事」を「幹」していたとあり、仰之が対馬において文引・書契の業務を担当していたことはほぼ間違いない。彼が対馬に留まった一四六三年以降の外交文書の改竄や偽作は――一四七〇年以降の王城大臣使の「第二波」のそれも含めて――、もっぱら仰之や彼の弟子たちの仕業だったのではないか。

しかも、先の一四六三年日本国王使（俊超西堂・梵高首座）には斯波義廉《よしかど》・京極生観・渋川教直を騙る三起の偽使が同行していたのだが、この事実は、仰之梵高がすでに往路の段階で対馬・博多の偽使派遣勢力に抱きこまれていたことを示唆する。ただもっとも、仰之が京都の五山僧であったにせよ、一四七〇年に間違えて「金印」を朝鮮側に求請《きゅうせい》してしまったあたり、幕府外交に関する情報の蒐集はそれなりに困難であったことがうかがえよう。

なお、この仰之の弟子には、一四九三年、偽琉球国王使の正使となった古澗梵慶《こかんぼんけい》がいる。当時の偽琉球国王使は、博多商人が企画・経営主体であったから、古澗は博多に拠点をもっていた可能性が高い。彼の存在は、対馬や博多がほぼ一体となって朝鮮向けに偽使を繰り出していたことを暗示してくれる。

日朝牙符制という桎梏

日朝間における偽使通交の相互確認

一四七〇年の偽日本国王使（正使心苑東堂）や同年からはじまる王城大臣使の「第二波」、そしてそれ以前から継続している「第一波」などの偽使通交は、結局、室町幕府にも朝鮮王朝にも露見した。発覚までのプロセスを、これまでの検討も含めて整理すると、おおよそ以下のような流れになる。

(1) 朝鮮王朝側が、一四七〇年の使行群を偽日本国王使・偽王城大臣使だと断定する。偽日本国王使は細川勝氏（架空人物）使送として扱われ、同時通交してきた伊勢守政親（架空人物）宛てに礼曹参議名義の返書が発行された。そのなかでは、勝氏の書にあった「金印」再送依頼の不自然さを婉曲に非難している。もちろんこの返書は幕府までは届かず、おそらく対馬により握りつぶされた。

(2) 翌一四七一年、朝鮮王朝は、日本からやって来た本物の日本国王使＝室町殿遣朝鮮使（正使光以蔵主、『善隣』中36号）に、前年の「細川・伊勢」の遣使の有無を問い質す。

(3) この疑問を光以らが京都に持ち帰り、一四七〇年の一連の使節群が、幕府・五山のあずかり知らぬ偽使であったことを調査・確認する。

(4)横川景三《おうせんけいさん》が「細川・伊勢」の偽使たることを認める国書（『善隣』中37号、高野山西光院の勧進が派船の目的でもある）を書き、一四七四年日本国王使（正球）に託した。そしてこの正球は、先の王城大臣使群の外交文書を通覧し、それが偽造文書であること、つまりは王城大臣使が架空人物に仮託された偽使であることを最終確認した。

最後の正球（4）のときの国書は、一部紹介済みであるが、重要なので改めて全文を掲げておこう。

庚寅歳〔一四七〇〕、弊邑〔日本国〕特遣専使、蓋賀新祚也、今年八月使還、報書慇懃、嘉貺多多、無任感荷之至、茲承前年属敝邑艱虞、①号細川・伊勢両氏之使者、発書請救、然敝邑実不知之、是奸賊矯令所為也、必加囚禁、以謝其罪、②今後通信幸有新印、以此為験可也、又承物色所求珍禽、上国無之、更煩捜索、何賜過焉、抑弊邑有山曰『高野』、高野有院曰『西光』、安無量寿仏像、相伝昆首羯磨所造也、主院事者告曰、「比年堂宇欹傾、上漏下湿、末〔未カ〕奈之何」、苟無上国之助、安得復旧貫哉、故今差正球首座、迬〔往〕諭情実、其使百廃之地、変成十万億楽土、在斯一挙、豈非殿下化及遐陬也耶、不腆土宜、具于別幅、切希采納、不宣、

〔訓み下し〕庚寅歳〔一四七〇〕、弊邑〔日本国〕特に専使〔光以蔵主〔国書は綿谷周瓞が起草した『善隣』中36号〕〕を遣わすは、蓋《けだ》し新祚〔成宗王の即位〕を賀する也。今年〔一四七二〕八月、使い還り、報書慇懃、嘉貺《かきょう》多多、感荷の至りに任《た》うる無し。茲《ここ》に承るに、前年、敝邑艱虞《かんぐ》に属すれば、①細川・伊勢両氏の使いと号する者、書を発し救を請う。然るに敝邑実に之れを知らず、是れ奸賊の令を矯《いつわ》りて為す所也。必ずや囚禁を加え、以て其罪を謝せん。②今後の通信、幸いに

新印有らば、此れを以て験と為すが可也。〔後略〕

（『朝鮮成宗実録』五年十月己酉条・『善隣』中37号）

足利義政は、細川・伊勢の両氏が朝鮮に使節を送ったことは自分のあずかり知らぬこととし（傍線部①）、今後の通信（外交）のために、できれば新しい印を作ってもらえないか（傍線部②）と述べる。前述の通り、敵礼の国家同士が印鑑を送り合うという事態は、東アジアの常識ではまずありえない。義政の外交音痴ぶりがうかがえ、朝鮮王朝としては返答に窮したことだろう。印鑑を送ることは礼的に避けたいところだが、さりとて偽使の封殺という点では義政と一致している。そこで朝鮮側が考え出したのが、本書でもしばしば言及してきた日朝牙符《がふ》、すなわち象牙製の割り符なのであった。

日朝牙符制の誕生

この牙符は、朝鮮側史料によると、円周が四寸五分の円形の象牙一〇枚を半折したものである。片面に「朝鮮通信」と篆書《てんしょ》され、裏面に「成化十年甲午」と記されていた。また、第一から第十の番号が付けられており、朝鮮側に左符、日本側に右符が分配された。そして使者が携えてきた牙符を、番号ごとに符合させるしくみであった（『朝鮮成宗実録』五年十二月丙申条の朝鮮国王答書）。すなわち一種の符験《ふけん》制（勘合《かんごう》制）であり、そのモデルは、朝鮮国内で用いられていた「発兵符」などであったと考えられる（『経国大典』参照）。朝鮮側の認識としては、「管領・左武衛（斯波）・畠山・京極・山名・右武衛（渋川）・細川・伊勢守・甲斐等諸処」がその配布対象とされていた（『朝鮮成宗実録』十年三月辛巳条）。要するに朝鮮側の理解では、ＩＤ（背番号）制の符験制である。本書にいう「狭義の符験制」（二九ページ参照）の完成形態と言ってもよいだろう。そして、牙符の配布先リストから分かる通り、当初の設定では、日本国王使が牙符を携行する事態はまったく想定されていなかった。なお、残念なことに、日明勘合と同様、この日朝牙符も現物が残っていない。

私は、この「牙符による符験制」を「日朝牙符制」、略して「牙符制」と呼んでいる。この牙符制が、牙符携行を義務づける、いわば現物主義を取った点は重要である。なぜなら、これまでの符験制が書契上の印影を査証するのみで、偽造印が比較的容易に作れたのに対し、今回の牙符制は絶対に偽造が不可能だったからである。牙符制は、間違いなく義政の要望を満たすものであったといえよう。

足利義政の牙符制理解

ところが、牙符制の運用方法に関して、足利義政は、朝鮮側とはまったく異なるしくみを考えていた。すなわち、(a)一四八二年の牙符制の発効後、基本的に日本国王使（将軍名義の遣朝鮮使）のみが朝鮮に牙符をもたらしたこと、(b)第一牙符をもたらした日本国王使栄弘が牙符を朝鮮に返納しようとしたこと（これに対して朝鮮側は査証した牙符を使者栄弘に返還した。『続善隣』2号、『朝鮮成宗実録』五年十二月丙申条）を総合すると、義政の念頭にあったのは、日明勘合と同じ運用システムであったと思われる。日明勘合は遣明使船一隻（あるいは使行一起）ごとに番号順にもたらされ（(a)に適合）、査証後は明側に返納される決まりであった（(b)に対応）。日朝牙符制は、日明勘合制に準ずる扱いだったのではないか。

当時は、一四五三年以降の十年一貢制など、明朝の規制が強化されて日明勘合貿易が不振となりつつあり、日明貿易の代替として、日朝貿易に関心が集まっていた。それゆえ、将軍足利義政は、博多や対馬の偽使派遣勢力を封じ込める以前に、現実の幕府有力者の直接遣使を阻止する必要に迫られていたのだ。彼の念頭には、現実の幕府有力者に牙符を配布することなど、毫もなかったであろう。

日朝牙符制は一四八二年、奈良円成寺《えんじょうじ》請経船の正使栄弘（本書カバー写真参照）が第一牙符をもたらしたことで、実際に発効する。牙符制は偽日本国王使・偽王城大臣使の封殺および予防のために導入され、その結果、たしかに義政個人に幕府遣朝鮮使の派遣権利を集中させる機構となったのである。

牙符制が造給されたのち、偽使派遣勢力たちがただ手をこまねいているはずもなかった。

偽使派遣勢力の抵抗

いくつか、抵抗の痕跡がのこっているので紹介しておこう。

まずは、一四八〇年畠山義勝使送の書契である。その書契のなかには、次のような一節があった。

窃聞、①往歳国使回時、割信符以遣洛下之諸大人、其回船避南兵、赴北海、為風波吹漂、不知所行、去歳、伝聞、船到北狄之国、即遣使船以索之、其使命未帰、実不知其有無、②仮其舟船雖無恙、返書・幣物、恐々難全、此使介〔价〕回時、審其書中之趣、書以賜、可奏之、

〔訓み下し〕窃《ひそ》かに聞く、①往歳、国使〔一四七三年日本国王使正球〕回《かえ》る時、信符を割き、以て洛下の諸大人〔王城大臣のこと〕に遣わすと。其の回船、南兵を避けて北海〔日本海ルート〕に赴き、風波の為めに吹き漂《なが》され、行く所を知らず。去歳〔一四七九〕、伝え聞くに、船、北狄の国に到れると。即《ただ》ちに使船を遣わし以て之れを索《もとむ》るも、其使命、未だ帰らず。実に其の有無を知らず。②仮《も》し其の舟船、恙無《つつがな》しと雖も、返書・幣物、恐らくは全かるに難し。此の使介回る時、其書中の趣を審《つまびら》かにし書きて以て賜わらば、之れを〔畠山義勝から日本国王へ〕奏すべし。

（『朝鮮成宗実録』十一年七月癸未条）

朝鮮から帰国する日本国王使正球に対して、王城大臣に配布する牙符を託したそうだが（傍線部①）、日本海ルートをとったすえに漂流したという噂も聞く。朝鮮からの返書の内容を、もし自分（畠山義

勝）に教えてくれたら、こちらから足利義政に「奏上」してさしあげよう（傍線部②）、という内容である。

正球の牙符回送に触れた国書が、のちに京都五山僧景徐周麟《けいじょしゅうりん》によって作られているので（『翰林葫蘆《かんりんころ》集《しゅう》』）、正球が最終的に京都まで戻れたことは確実である（そもそも牙符は義政の手元に確実に届いている）。したがって、この一四八〇年畠山義勝書契の眼目は、牙符に関する情報を入手したかったか、あるいは牙符が散逸してしまったかのような印象を朝鮮に持たせることにあったのではなかろうか。

また、一四八二年に牙符制が発効してしまったのちも、偽使派遣勢力の抵抗は続けられた。まず、一四八七年の日本国王使（等堅首座）には、飯尾「永承」名義の使送が同行しており、これは牙符制を回避するために講じた偽使通交のテストパターンの一つであったと考えられる。もっとも、この使送は牙符を携行しておらず、それを理由に朝鮮側から通交を拒否されてしまう（『朝鮮成宗実録』十八年四月甲申条）。

しかし、それでも偽使派遣勢力はあきらめなかった。一五〇九年には、国王副書なるものをもった「日本国王近侍人政親」名義の使節があらわれている。この「政親」が架空名義の「伊勢守政親」であることは、『海東諸国紀』伊勢守条の「国王近侍之長」という形容句と比べれば明白であろう。注目すべきは、この使送が確かに「符験」＝牙符を携行し、国王副書を携行していた点だ（『朝鮮中宗実録』四年八月丁卯条）。つまり、この時点で偽使派遣勢力は少なくとも一つ、確実に牙符を入手できていたことになる。そして、室町殿名義のニセ国書を副書として携えることで、王城大臣使ながら日本国王使並みの待遇を得ようとしたのではないか。あるいは、王城大臣使への回礼品だけでなく、日本国王使への見返りまでも一挙に獲得しようとしていたのかもしれない。非常に厚顔なテストパターンだと言えるだろう。

ところが、以後、三浦《さんぽ》の乱《らん》（一五一〇年）を挟んで、王城大臣使は十六世紀の中葉まで途絶えてしまう。結局、伊勢守政親使送のテストパターン（国王副書携行型）も有効に作用しなかったのである。

王城大臣使の通交が杜絶した背景には、種々の原因が考えられるが、おそらくもっとも根本的な要因は、対馬宗氏が十分な数の牙符を確保できず、利益の大きい偽日本国王使の派遣の方を優先させたことにあるだろう。対馬宗氏が主体的に関わったニセの日本国王使は、十六世紀を通じ、二〇起を優に超えるからである（村井章介『中世倭人伝』第Ⅲ章・拙著『中世日本の国際関係』第五章参照）。もちろん、これらの偽日本国王使は、原則どおりに牙符を携えていたものと思われる。日朝牙符制は、偽王城大臣使に事実上限られるとはいえ、偽使を封殺するという所期の目的をある程度は果たせたことになる。

牙符入手の経路

それでは、対馬宗氏を中心とする偽使派遣勢力は、いったいどうやって幕府管理下の牙符を手に入れたのだろうか。義政以降、室町将軍家は《足利義稙《よしたね》―義維《よしつな》系》と《義澄《よしずみ》―義晴《よしはる》系》とに分裂し、その「二人の将軍」は、自陣営を扶植《ふしょく》するために、それぞれ各地方権力に日朝牙符や日明勘合をばらまいていった。義稙系はおもに大内氏へ、義澄系は細川氏や大友氏へ、牙符や勘合を貸与（事実上の譲渡）した。その結果、日明勘合は、おおむね新しい正徳勘合が大内氏（の ち毛利氏）へ、旧《ふる》い弘治勘合が細川氏や大友氏へ（さらに大友氏の一枚は相良氏へ）移管され、日朝牙符は、第一～第三牙符が大友氏へ、第四牙符が大内氏へ与えられ、おそらくいずれも対馬宗氏へ又貸しされたものと考えられる。

興味深いことに、外交権の贈与合戦のさなか、日朝牙符はなんと更新・改造されている（拙著『中世日本の国際関係』第五章）。一四九三年、明応《めいおう》の政変（クーデタ）により足利義稙が将軍職を廃されたのち、新たな将軍となった足利義澄が、一五〇四年に日朝牙符を朝鮮から新規に造給してもらったのである。

それまでの牙符は、左片が朝鮮、右片が日本とされていたが、新しい日朝牙符ではそれを逆転させ、左片を日本に、右片を朝鮮に編置することとされた。その結果、それまでの旧牙符は完全に無効となった。つまり、周防《すおう》大内氏に与えられていた少なくとも一つの旧牙符（私は第四牙符だと考えている）が使えなくなってしまったのである（逆に言えば、大内氏のもつ牙符を無効化するために牙符を更新したのだとも考えられよう）。その一方で、義澄ラインの大友氏は、少なくとも二つの新牙符（第一・第二牙符。『由比文書』参照）を幕府（義澄政権）から支給された。そして先述の通り、これを対馬宗氏にあずけて日本国王使を仕立てさせ、貿易の上分を回収していたわけである。なお、大内氏はその後、一五一五年ごろ、将軍位に返り咲いた義稙から新しい牙符の第四を獲得し、それがそのまま十六世紀中葉以降、毛利氏に継承されたと考えられる。

ここまで来ると、もはや何が真で何が偽かが判然としなくなってくる。本書でこれまで一貫して主張してきたように、真偽の境界は曖昧模糊としていて、まさに相対的だったのである。ことに十六世紀の対外関係は、「二人の将軍」が常態化したため、その傾向がますます強くなった。

偽使通交が存続し得た理由

このように、偽使を圧殺するはずの「狭義の符験制」は、対馬宗氏が発行してきた「広義の符験制」たる文引と同様、あるいはそれ以上に、ある面で偽使の通交にお墨付きを与えてしまう結果になった。偽使対策を講じたにもかかわらず、それが結局はほとんど機能しなかった究極の原因は、間違いなくこの点にある（もっとも先述の通り、偽王城大臣使の通交を約半世紀封じたという点では一定の効果を上げたわけだが）。符験とは、たしかに両刃の剣だったのである。

しかしながら、偽使通交を完全に封じ込められなかった重要な原因は、ほかにもある。それは、当時の朝鮮王朝が獲得できた情報の〝質〟である。一四四三年の通信使を最後に、朝鮮の使節は日本本土へ足を踏み入れなくなった。朝鮮王朝として、生の日本情報を直接に入手し偽使通交をあばく方途が失われてしまったのである。こうした消極的姿勢の背景としては、一四四三年通信使接待に対する幕府の冷遇や一四五九年通信使の海難事故による挫折などにより、朝鮮王朝内で通信使行そのものが忌避されたこともあっただろう。だが、それにもまして重要なのは、対馬宗氏による巧妙な情報操作であった。たとえば、一四七九年の通信使（正使李亨元・副使李季仝）派遣が日程にのぼった際の朝鮮廟堂では、「対馬島主が『遣使できる』といえば〔通信使を〕遣わし、『護送することができない』といえば派遣を止める。これではもっぱら対馬島主の指揮に従っているだけではないか」という歎息が聴かれた（『朝鮮成宗実録』十年七月戊辰条）。

結局、このときの正使は対馬において病に斃《たお》れ（『朝鮮成宗実録』十年九月乙丑条）、そこから朝鮮に引き返してしまうのだが、さらに対馬は次のような進言を行なって通信使の再発進を封じ込める。それは、

「南路兵乱により使行不可能」という通達である（『朝鮮成宗実録』十年七月戊辰条）。

この「兵乱」とは、「今春三月已来《いらい》、畠山右衛門督《うえもんのかみ》、紀伊・和泉・河内・摂津四州に拠りて以て叛逆す」（『朝鮮成宗実録』十年七月己卯条）、「畠山殿、三月より国王と釁《きん》〔いさかい〕を構え、退きて南海の要路〔瀬戸内海〕を保てば、人・物通ぜず。通信使の護送は難しと為す」（『朝鮮成宗実録』十年七月壬午条）、というものだが、この記事の内容と合致するような事件は日本国内では確認できない。そればかりか、「畠山右衛門督」とは前段でも確認した通り、偽使名義の「畠山右金吾督義就」のことである（現実の義就《よしひろ》の官途は「右衛門佐」）。すべて、通信使派遣を阻止するために対馬がでっちあげた虚偽の情報であろう。このときの朝議のなかで、朝鮮のある大臣は、「彼〔日本〕嘗《かつ》て惎使《きし》〔賀使の意か〕と称して我国に絡繹《らくえき》〔たてつづけにやってくること〕するは、皆な貞国〔対馬島主宗貞国〕が詐術なり。今、我が信使、日本に到りて之れに面質せば、則ち其の偽乃《すなわ》ち〔きっと〕現れん。故に我が使の〔日本の京都に〕達するを得るを欲せざるなり」と喝破《かつぱ》している（『朝鮮成宗実録』十年七月戊辰条）。

偽使派遣勢力にしてみれば、朝鮮からの遣使が京都に到達することはまことに都合が悪い。朝鮮側だけでなく、名義人本人や幕府にも偽使創出の事実が露見しかねないからである。それゆえ、通信使が途絶えた十五世紀中葉以降、朝鮮に流れた日本情報は、ほぼすべて対馬宗氏のコントロール下にあったと考えられる。これよりもだいぶん後の十六世紀末〔豊臣政権期〕のこと、通信使として来日した朝鮮官人金誠一らの一行は、日本に来て初めて「大内殿」〔大内氏〕や「小二殿」〔少弐氏〕が滅亡していることを知り、愕然としている（『鶴峯集』巻五）。もちろん、対馬宗氏が「大内殿」や「小二殿」を偽使名義として当時も活用していたからである（田代和生・米谷均「対馬宗家旧蔵『図書』と木印」）。三浦の乱後、朝鮮王朝により通交貿易は制限されたが、対馬側はこうした偽使名義を駆使してその維持に努めていたのだ（米谷均「一六世紀日朝関係における偽使派遣の構造と実態」・荒木和憲『中世対馬宗氏領国と朝鮮』第2部第3章）。

以上のような情報の非対称な状況に対して、朝鮮側がただ手をこまねいていたわけではない。一四七九年には、国王から礼曹に対して、「倭通事《わつうじ》等、深処〔九州以東の日本本土〕の倭語に通暁する能《あた》わざること甚だ不可なり。伝習の節目を商議して以て啓せよ」（『朝鮮成宗実録』十年十月戊申条）と指令を出している。当時の倭通事は、対馬島民ら（恒居倭や偽使を含む対馬からの使節ら）と相対してばかりいて、日本本土の言葉を解せなかったのだろう（関周一「朝鮮三浦と対馬の倭人」参照）。あるいは、対馬宗氏はわざと朝鮮側に分からないような「倭語」（日本語）を倭人使節らに話させていたかもしれない。またさらに想像を膨らませれば、通事と倭人とが結託して隠語を頻用していた可能性すらあるだろう。

いずれにせよ、仮に真正の使節が「深処」（日本本土）から来た場合でも、「倭人」という〝通訳〟を介してしまうと正確な情報は入手できないことに、朝鮮側は感づいていたのである。直接に真使たちと対話して日本国内の実際の状況をつぶさに知りたい――。これが朝鮮国王の願いであった。だが、こののち、この事業がうまく進んだということを聞かない。

朝鮮は偽使と分かっていなかったのか？

大学の授業や市民向け講座などで偽使問題について話をすると、必ずと言ってよいほど受ける質問がある。それは、「朝鮮王朝は偽使が来ていることを知らなかったのか？」、「偽使だと分かっていても、朝鮮王朝が彼らを手厚く接待したのはなぜか？」というものだ。たしかに、偽使はそれなりに怪しいのだから、気づかない方が不思議だともいえる。

こうした疑問そのままに、『朝鮮王朝実録』には、「これは偽使としか考えられない」という例がまま散見される。ところが、そうした場合でも、朝鮮の朝議はほぼ毎回、最後には誰かが「倭人たちが暴れるといけないから、等級を下げてでも穏当に受け入れ接待しよう」といってお開きとなる。過去の倭寇の暴力という記憶が呼び覚まされたためか、儒教的な礼節を重視する「国体」（国家の体面）に傷がつかないようにしているのか、ともかくも、朝鮮王朝は波風が立たぬように振る舞うのが常だった。とりわけ、『海東諸国紀』を著した外交通の申叔舟が没した一四七五年以降、朝鮮王朝の対外的関心が薄まっていくと、この傾向に拍車がかかった（村井章介「壬辰倭乱の歴史的前提」）。

もちろん、ことさらにへりくだって朝鮮国王を持ち上げ、「朝貢」的姿勢をあからさまに示す偽使という存在が、朝鮮政府の「中華意識」をくすぐらなかったかといえば嘘になる。むしろ、王権や王朝の荘厳のためには、多少の経済的犠牲を払っても、彼らをある程度は積極的に受け入れておく必要があった。おそらくそれゆえにこそ、朝鮮政府の偽使撲滅運動は中途半端に終わったのであろう。

そして、倭人使節との交易によって潤う富商や、それと結びつく政府高官など、十六世紀に顕著となる〝裏社会〟の人的連鎖（村井章介『中世倭人伝』第Ⅲ章・『世界史のなかの戦国日本』第5章など）も、もともとは偽使を主体とする倭人使節とのなれあいから生まれたものだった。残念ながら、商業を蔑視する儒教色の強い『朝鮮王朝実録』にはそうした側面の記述がほとんど見られず、その具体相を知ることは極めて難しい。〝朝鮮王朝における偽使問題〟を追究していくことが、今後の課題となるだろう。

偽使問題から世界史へ――エピローグ

真使と偽使とのあいだ

これまで、室町時代の日朝関係の舞台裏を、かなり丹念に探索してきた。「大名《たいめい》」つまり幕閣たちの名義を騙る王城大臣使（「第一波」）の偽使問題から始まって、十五世紀段階の偽日本国王使（ニセの幕府遣朝鮮使）の分析に移り、どうやって日本国王使のニセモノが生まれえたのか、幕府の外交システムや対馬・博多の偽使派遣勢力の動向を検討してみた。そして、偽王城大臣使（「第二波」）を禁遏《きんあつ》する日朝牙符制（符験制）の導入、およびその崩壊過程を駆け足でたどってきたことになる。

こうした偽使問題の研究から分かることは、本書でも幾度か述べたように、真使や偽使、真贋の境目はきわめて曖昧で、実に相対的であったという事実だ。幕府から派遣されたはずの日本国王使は、実は室町殿に謁見も復命もしない、ただの名義借用人にすぎなかった。また、これまでほとんど偽使だと思われてきた十六世紀の日本国王使も、「二人の将軍」の分裂状況の結果生まれた半真半偽の存在であった。もちろん、真偽不分明な使節が生まれるにあたって、対馬宗氏や博多商人らの積極的な動きがあったことは間違いない。だが、すべてを彼らの〝実績〟だけに帰するのは、事実問題として不正確である。真使か偽使か、白か黒かを一義的に決めることは、困難というより不適切であり、その使節をとりまく歴史的環境をこそ明らかにすべきなのである。

さて、この偽使問題から敷衍《ふえん》される世界史通有の論点はあまりに多く、とてもこの小さな本で述べ尽くせるものではない。朝貢的姿勢をとる偽使たちがくすぐった朝鮮王朝の中華意識や、それと対になる室町期日本の朝鮮観などについては、前著『中華幻想』に多少とも述べたのでここでは割愛する。その代わりに、本書の最後では、〝偽使の比較史〟とでもいうべきテーマについて、その必要性と重要性とを提起しておくことにしたい。偽使・偽装使節・偽造使節あるいは国書の改竄や偽作といった問題は、何も日朝関係に限られなかったからである。

〝偽使の比較史〟という視点

実はこの点について、私も関わった日韓歴史共同研究委員会（第一期）で共同執筆した「〈学説史〉偽使」の最後に、すでに同趣の見解を示しておいた。偽使研究の〝これから〟を考えるうえできわめて重要だと考えるので、ここに改めて引用しておこう。

〔世界史的視野からみた偽使研究〕

偽使の行為は、中世日朝通交の場にのみ存在する特異な事例ではない。この類のことは、世界史的視野からみても数多く確認することができる。例えば、印鑑の偽造や違法的使用、公文書や通行証の偽造や改ざん、権力者への名義すり替えに伴う様々な違法行為は、程度の差こそあれ、人間の欺瞞的行動の現れとして、洋の東西を問わず存在が確認されている。偽使行為が生まれる歴史的背景、その存続を許容する環境、国家的な体制と国際法との関連などの視野から、偽使の国際的比較研究も今後の課題として残されている。

要するに、〝偽使の比較史〟あるいは〝偽書の世界史〟ともいうべきテーマ設定の必要の提唱である。おそらく、その気になって探せば、世界中のそこかしこに面白い歴史的事例が眠っているに違いない。

タイ国王から清皇帝への「国書」

たとえば、海域史研究の分野ではもはや著名となった、近世タイのラーマ一世（在位一七八二～一八〇九）の対清外交における国書書き替え問題を見てみよう（増田えりか「ラーマ1世の対清外交」参照）。

この問題をはじめて本格的に検討した増田氏によると、たとえば一七九〇年、暹羅《シャム》（タイ）国王が清朝に送った国書には三種類があったという。①黄金板一通（自国語の国書（清朝側は「金葉表文」として扱う）であり、別の年の国書から、清皇帝のことを「大清国王陛下」と対等に呼んでいた可能性が高い）、②「kham hap の国書」一通（増田氏は「勘合表文」とする）、③財務卿書簡三通、である。

①はタイ語で清朝と対等関係を主張する内容のものであったが、中国側は「表文」（上行文）と見なし、あくまでタイを臣下と位置づける。ただし、この①は黄金で作られていたために中国で進貢品として扱われ、鋳溶《いと》かされてしまう。証拠が残らないからこそ、「大清国王」などと不遜なことを書いてもよかったのであろう。本書ではこれ以上踏み込めないが、タイ側の自民族中心主義《エスノセントリズム》の発露というべき事態であり、朝貢（進貢）とは何であったかを考えさせる好例である。

順序は逆になるが、③は、三通のうち二通が広東の総督・巡撫に宛てられたものらしく、琉球王国の事例（『歴代宝案』）に照らせば、咨文《しぶん》様式の漢文外交文書（平行文）であったと考えられる。ただし残り一通は礼部宛であったかどうかすら分からない。

②は、増田氏の紹介するある史料によれば、「kham hap〔増田氏によれば勘合のこと―橋本注（以下同じ）〕は検査する、調べるという意味の中国語であり、国書を写した〔書き込んだ？〕紙である。それには、使節の名前、年月日、貢物のリストも一緒に書かれており、二組あって継ぎ目に印鑑が押してある〔「折り目に割印（「礼部之印」あるいは「暹羅《シャム》国王之印」）が二つ押してある」か〕。使節が携帯して行き、送られてきた貢物の品と一致するかどうか検査する係官に差し出すためのものである」、という。右の〔 〕に示した私の補訂が仮に正しいとすれば、この記事は『戊子入明記』に筆写された勘合の布置・使用方法の規定（図22参照）と瓜二つである（詳細は拙稿「日明勘合再考」参照）。つまり、驚くべきことに、『大清会典』などでもまったく確認できないのだが、清朝と暹羅国とのあいだには明代と同様の勘合制が敷かれていた可能性が高いわけである。

もし、明代と同じ勘合制が存在したなら、②の文書は、表文でなく咨文であったはずである。清朝礼部と暹羅国王との敵礼関係にもとづき、勘合には平行文の咨文が書き込まれたことであろう。勘合も料紙（用紙）である以前に、一つの公文書であったから、ここに咨文が書き込まれれば、勘合＋咨文の複合文書の完成、ということになる。私は、この場合の文書様式を、「咨文勘合」あるいは「勘合咨文」と呼ぶべきと考えている。中国国内の勘合料紙には批文（回答・命令などの下行文）が記載されることが多く、「批文勘合」という言葉が散見されるからである。

ところで、説明が前後してしまったが、私が現段階で考えている日明勘合の想像復元図は、図23の通りである。大きさは縦約八一センチ、横約一〇八センチ程度を想定している。清朝国内で使用されていた勘合の

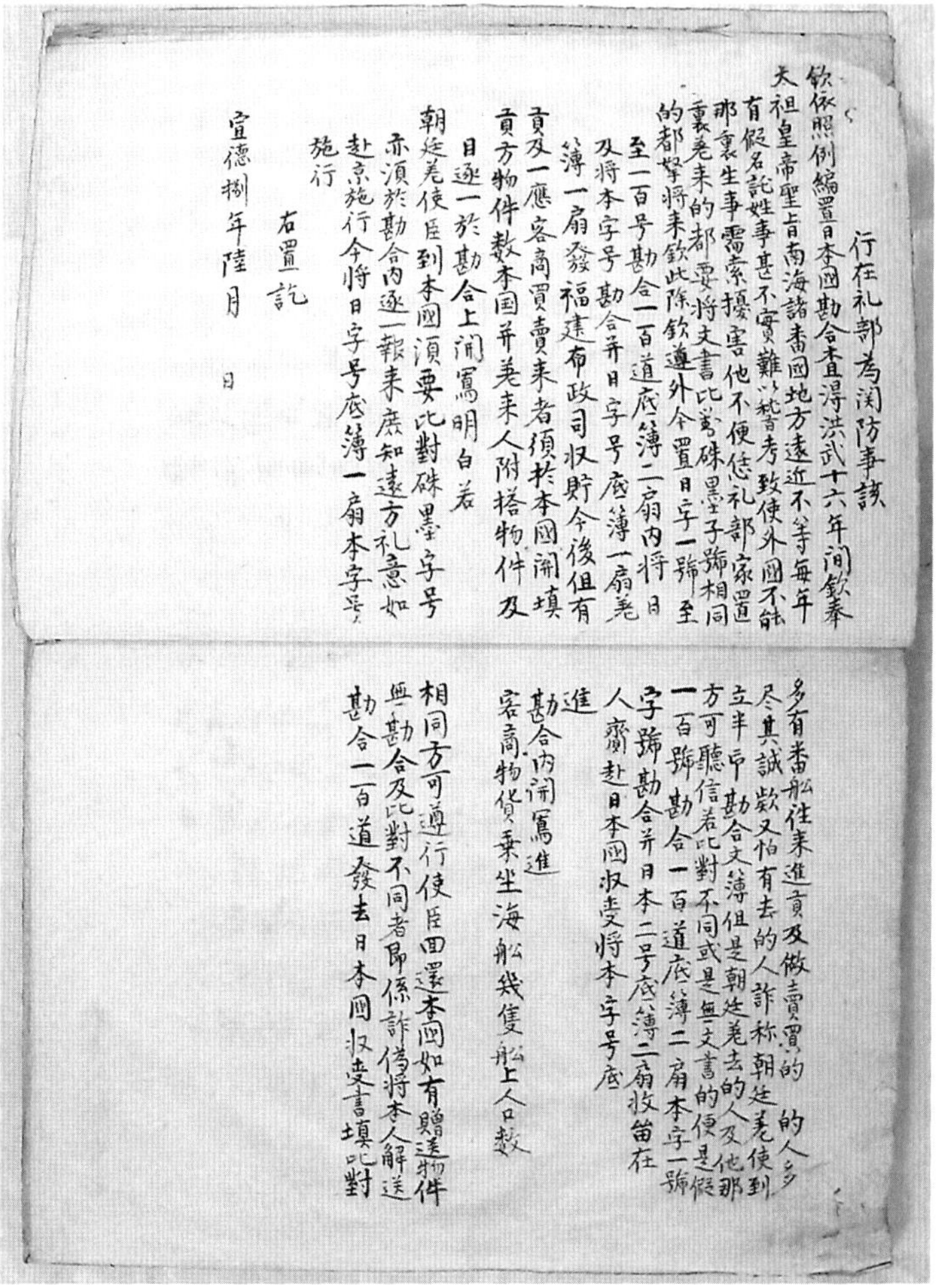

図22　『戊子入明記』掲載の礼部文書
勘合の使用目的や機能等を説明している．同史料は，京都・妙智院所蔵．

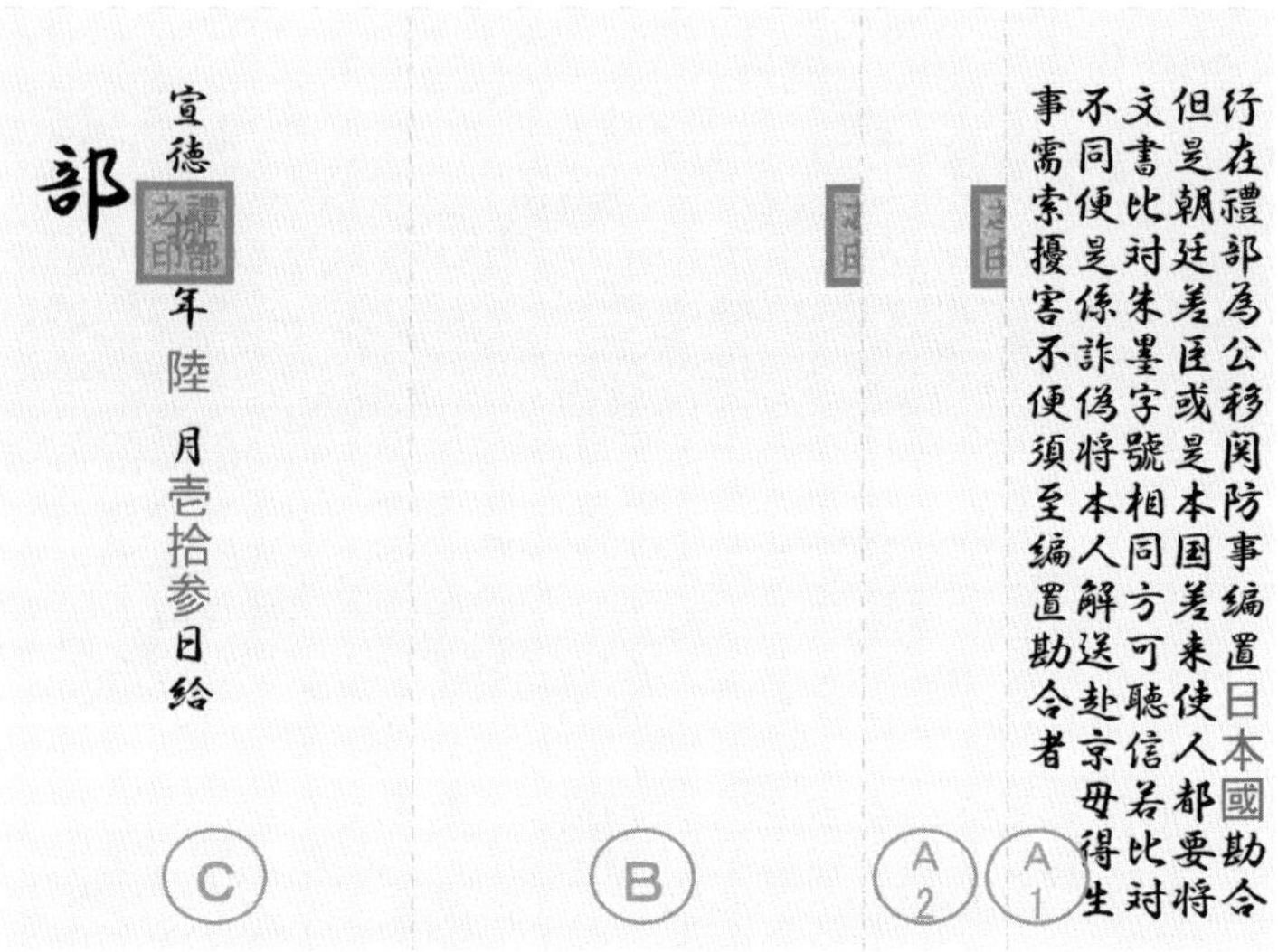
行在禮部為公移関防事編置日本國勘合
但是朝廷差臣或是本国差来使人都要将
文書比対朱墨字號相同方可聴信若比対
不同便是係詐偽将本人解送赴京毋得生
事需索擾害不便須至編置勘合者

宣徳　年陸月壹拾参日給

禮部之印

部

図23　日明勘合（本字壹號勘合）想像復元図
中央の余白部分に「日本国王」から礼部宛ての別幅咨文が書き込まれたと考えられる.

現物（台湾中央研究院所蔵）や、『戊子入明記』・『天文十二年后　渡唐方進貢物諸色注文』（いずれも妙智院所蔵）に見える記述などが根拠だ。外交使節が派遣される際には、勘合の中央の空白部分に、明朝礼部―日本国王間の咨文（平行文）が書き込まれ、使者に交付されたとおぼしい。

そして、増田氏の紹介した「kham hap の国書」が、明代と同様の勘合咨文を指すのならば、形状や大きさについても、明代のものと大きくは変わらなかっただろう。また仮に、この勘合（kham hap）が清朝の発行したものでない場合、琉球王国が独自に設けていた半印勘合（小葉田淳『増補：中世南島通交貿易史の研究』・岡本弘道『琉球王国海上交渉史研究』）のようなものであった可能性もあり、文書学的な興味は尽きない。

さて、バンコクを発したタイ使節は、広東

に入港して両広（広東・広西）総督の接遇を受ける。総督は、使節の上京の準備などをしなければならず、タイ使節のもたらした国書の内容をあらかじめ北京朝廷に送る必要があった。このときに、総督による国書の〝翻訳〟という操作が見込まれるわけだ（もちろん、暹羅国側で漢語の表文を用意した事例もあるようだが。李光濤「明清両代与暹羅」参照）。

では、いったい何がどのように〝翻訳〟されたのだろうか。おそらく、②の「咨文勘合」（増田氏のいう「勘合表文」）は、タイ側で準備した漢文であり、総督側で翻訳する必要はなかった。タイ在留の華人などが咨文を調製したのだろう。だとすれば、①の黄金板にタイ語で刻まれた平行文型書簡（清朝では「金葉表文」〈上行文〉と一方的に解釈）を、漢語の上表文に〝翻訳〟するのが総督の仕事だったと考えられる。ただし、増田氏の紹介した一七八六年の表文（『明清史料』所収の「訳暹羅国長鄭華請封残表文」）の内容と、同年の「kham hap の国書」のそれとが酷似している点から見て、①だけでなく、②（あるいは③も）の要素も適宜加味されて、最終的に清皇帝への上表文が作られたのではなかろうか。

以上の例は、必ずしも国書の不正な書き替え（改竄《かいざん》）とまでは言えない。だが、タイ側と中国側との外交意識のギャップを埋める巧妙なしかけであったことには違いない。そしてその一方で、研究史上の課題としては、清代中国にあっても、暹羅国その他の朝貢国とのあいだで、勘合制――施行主体が清朝側か各蕃国側か不明にせよ――が施行されていた可能性が浮かび上がってきた。

中国南北朝時代、仏教的朝貢色の強い上表文

次に時代はさかのぼって、古代史家の河上麻由子氏が明らかにした中国南北朝時代の事例を見てみよう（河上『古代アジア世界の対外交渉と仏教』第二章）。天竺迦毗黎《てんじくかびら》国や中天竺国、師子《しし》国などのあやしげな国から中国（宋・南斉・梁など）の君主に宛てて、非常に仏教的朝貢色の濃い上表文が幾度も提出されていた。仏教的朝貢の意義については、河上氏の著書に詳しいが、ここではもちろん、上表文（国書）に注目したい。こうした上表行為は、東晋や南北朝期にしばしば見られた仏教的朝貢と同じ趣意によるものであったが、時代や国の違いを越えて上表文の内容・表現が一致するという、実に不自然な状況を呈していたのである。

河上氏は、さまざまな可能性のなかから、漢文をあやつることのできる扶南《ふなん》人僧侶が、自身の起居する京師の寺院や扶南館（ゲストハウス）において、仏教色の強い漢文上表文を継続的に作っていたと結論する。たとえそうでなくとも、広州あたりでの南海商人・僧侶と中国人僧侶との密接な交流を考えれば、彼ら僧侶たちが上表文作成に関わっていた蓋然性は著しく高いという。非常に説得的な議論であり、少ない史料のなかから国書が捏造《ねつぞう》される現場を復元してみせた、貴重な研究成果であるといえよう。

ところで、河上氏の該博な著作によって知ったのだが、三世紀初頭、華北に展開した魏の外交官僚が、朝貢を装って中国の印綬を得ようとする者がおり、魏朝の財政を逼迫《ひっぱく》させかねないとの危惧を述べている（『三国志』魏書、崔林伝）。さきに言及した日明勘合自体、まさしくこれと同様に、明使や朝貢使を騙って不当な貿易活動を行なう偽使を禁遏《きんあつ》するために生みだされたシステムであった。考えてみれば当然のことだが、広義の偽使の歴史はこれほどまでに古く、普遍的だったのである。

天正遣欧使節は ホンモノか？

ふたたび時代を下って、ポルトガル・スペイン勢力が進出してきた十六世紀の環シナ海地域においても、当然のように、偽使とおぼしき事例が散見される。たとえば、十六世紀前半のポルトガル軍総督アフォンソ＝デ＝アルブケルケ麾下《きか》の貿易商人、ジョルジェ＝アルヴァレスだ（ザビエル日本開教の最大の功労者と言われたヴァレスとは同名の別人である。岸野久『ザビエルと日本』参照）。彼は、一五一四年あるいは前年、明皇帝への朝貢使節として、マラッカ（ムラカ）港を出発した。ポルトガルは、それまで明朝と朝貢関係を築いていたマラッカ王国の使節になりすますことで、勘合貿易への参入を目指していたのである（岸野『西欧人の日本発見』）。

そして、イベリア勢力関連で忘れてならないのが、十六世紀後半の、著名な「クアトロ＝ラガッツィ」（天正遣欧使節団《てんしょうけんおうしせつだん》）であろう。伊東マンショが本当に大友宗麟《おおともそうりん》の名代であったのかどうか、その根拠となる「ラモン書簡」の信憑性（テキストの史料批判）をめぐって、偽称説（松田毅一『近世初期日本関係南蛮史料の研究』）と真正説（若桑みどり『クアトロ・ラガッツィ』）とが対立している。この真偽判定については私は断案をもたないが、これもまた一種の偽使問題（真偽問題）と位置づけて大過ないだろう。

ただ近年、伊川健二氏は、この天正遣欧使節の位置づけに関し、アレッサンドロ＝ヴァリニャーニによりインドのゴアにおいて使節としての待遇が決定されたことから、天正遣欧使節は日本発ではなく、「インド発の使節とみなすべき」という興味深い指摘を行なっている（伊川『大航海時代の東アジア』第三部第三章）。要するにヴァリニャーニの見切り発車だったわけだが、見ようによっては、天正遣欧使節は最終的にインドで捏造された使節であるということもできるだろう。

不勉強ゆえ、近年の研究のみから事例を拾ってきたが、実はほかにも、文禄・慶長の役（壬辰・丁酉倭乱、万暦朝鮮役）の日明和平交渉中の「偽りの講和使節」などはよく知られている（北島万次『豊臣秀吉の朝鮮侵略』）。このように、偽使ないしそれに類するあやしげな人間は、おそらく世界史に普遍的に存在すると言ってよかろう。とりわけ、東南アジア方面に偽使は多く、偽使という視点で解ける問題は少なくないと思われる（東南アジア史家の生田滋氏や桃木至朗氏の御教示による）。

〝パスポートの世界史〟へ

ただ、偽使がいくら世界史に普遍的な存在だからといって、単に偽使然としたものを検出し、〝偽使の技法〟を解明していけばよいというものでもなかろう。むしろ、ある時代の某国・某地域ではいかなる国境管理体制が敷かれ、どのような査証システムが存在したのか、身分証明手段（符験）はいかなるものであったのか、どういった人間集団が実際に国境を越えて動いていたのか、歴史的・地政学的変化はどんなものだったのか——。要するに国家と海域（あるいは地域）とのせめぎ合いの〝場〟として、比較研究はなされていくべきと考える。国家が海域世界に打ち込んだくさびとはいかなるものであったか、逆に言えば、そのくさびを通じて国家や国境の特徴を歴史的に捉え返せるのではないか。〝国家とは何か〟という原理的問題へのアプローチが、偽使問題や符験制という具体的な素材の分析によっても可能なのである。

さて、こうした問題を考えるうえで、近現代史に偏するものだが、社会学者ジョン＝トーピーの近著『パスポートの発明』は非常に参考になる。同書は、フランス革命以後、パスポートという近代的システムが欧米でどのように確立したのかという点を究明した、すぐれて実証的な研究である。パスポートという具体的な書類や法システムの検討に特化して、国家がいかに国民（市民）を掌握したのかを吟味した点も、単なる抽象論ではなく好感がもてる。

だが、それでも結局のところ、この本はいわゆる国民国家論《ネイションステイト》にほかならない。国民国家誕生以前の、中・近世西欧世界の、さらには非西欧社会におけるパスポート的システムについては、残念ながら手薄である。つまり、パスポートの始原や広がりは、本書を読んでもよく分からないのである。

ところが、さきにタイ国ラーマ一世の対清外交に関して指摘した勘合問題に明らかなように、こうした欠陥は、中・近世の東アジア史・東南アジア史でも実は大差がない。国境をどのように設定し、国境を越えるモノや人をどのように管理するのか、それを集約的に示すのが符験・パスポートであるわけだが、従来、これに対する文書学的検討・史料学的関心は、あまりに低調であった（たとえば日明勘合を依然として「勘合符」と呼ぶような誤解の横行を見よ！）。ややマニアックかもしれないが、史料学的な意味でのパスポートあるいはヴィザの研究は、このようにとても重要なのである。

これから先、偽使問題研究を進展させていくためには、符験制やパスポート、ヴィザに関する本格的な検討がどうしても必要になってこよう。またそれを、国家史や国境論、「国民」論、さらには比較史的な議論につなげていければ、各時代の各国・各地域の特徴もますます鮮明になっていくものと思われる。逆に言えば、そうした気概と目的意識とをもって、偽使問題は今後論究されるべきであろう。「偽使問題」という看板を捨て去ること――これが偽使問題研究の究極の目標と言っても差し支えあるまい。

あとがき

二〇〇七年の「今年の漢字」は「偽」だった。国内外の産地偽装や賞味期限改竄など、嘘・偽りが世間を騒がせたためである。現在でもなりすましによる迷惑メイルは連日舞い込んでくるし、振り込め詐欺も跡を絶たない。ただ、頻度や程度はともかく、こうした事態は古今東西見られることであろう。そういう意味で、本書が扱った偽使問題など、ごくありふれた事象に過ぎないともいえる。

だが、本論で繰り返し指摘してきたように、偽使（真偽）問題を考えることは、当時の国際関係や外交構造の実態に迫る手段の一つである。詐欺行為が悪事だからといって、本書で取り上げた偽使や倭人たちをただちに糾弾せねばならぬ、というのが本書の趣意ではない。偽使をはじめとする不正行為の数々に対する道義的な判断は、それこそ読者の皆さんにお任せすべきことであろう。むしろ、国境を越える行為に対して、国家がどのような規制をかけていたのか（いなかったのか）、あるいはそれをかいくぐるために〝辺境〟の民たちはどのような動きを見せたのか、そして逆にそこからどのような国家成立の要件が見えてくるのか――。世界史通有の問題として、さらに議論を深めていきたい。本書「エピローグ」にも述べた、「偽使の比較史」、「パスポートの世界史」という課題である。とはいえ、私個人でできることなどもとより限られている。今後、多くの方々のご教示をお願いしたい。

さて、一般の読者の方々にとって、室町時代の日朝関係史はあまり馴染みのない世界だろう。しかも本書では、上は京都の室町殿から下は対馬の倭人まで、地理的にも西日本から朝鮮半島までを視野に入れて、〝構造史としての日朝関係〟を描くよう努めてきた。もちろん、スパイ映画さながらに変身・変貌を遂げる偽使たちの営みを楽しんでいただけるだけでも、著者としてこれ以上嬉しいことはない。

そうしたなか、本書には、これまで私が取り組んできた日朝関係史関連の仕事の枠を盛り込んだつもりである。枝葉末節を刈り込んで主なエピソードのみを紹介してきたつもりだが、それでもヴォリュームは膨れあがるばかり。読者の皆さんには随分と負担をおかけしたのではないかと思う。ただ、一九八〇年代以降、中世日朝関係史研究は飛躍的に進展し、本書で扱った内容などは、実はその成果のごく一部に過ぎない。本論でも関説したように、朝鮮王朝は倭寇対策の一環としてさまざまな倭人使節を受容していたから、日朝交流は多様なチャンネルで行なわれていた。本書が主に取り上げた室町幕府外交はたしかに重要だが、それでも〝氷山の一角〟なのである。日朝関係史に深い関心を持たれた方は、本書の文献一覧などを参考に、個別研究の数々に直に触れていただきたいと願う。

＊

本書の執筆を吉川弘文館編集部の永田伸さんから慫慂されたのは、旧著『中世日本の国際関係――東アジア通交圏と偽使問題』（吉川弘文館、二〇〇五年）刊行後、間もなくであった。ありがたいお申し出で、「ぜひ書かせてください」と即答した記憶がある。ところが、折からの九州国立博物館の開館準備・運営開始に忙殺され（二〇〇五年秋オープン）、また二〇〇七年春に北海道大学に赴任した後もなかなか教員生活に慣れず、筆は一向に進まなかった。そしてなお悪いことに、移り気な私は、この間、日明関係史や唐物論などにうつつを抜かしていたのである。

それでも、近年、いくつかの日朝関係史関連の仕事が舞い込み、本書執筆に力を貸してくれた。五年前なら書けなかった成果を本書に盛り込めたのもこのためである。そして、本書のことはいつも負い目に感じていたから、昨年ようやく一念発起して、隙間時間を縫って徐々に書き上げていった（本書の骨格は機上や車中、出張先ホテルで固まったと言って良い）。当初担当の永田さんには、これまでの不義理と宿題の大幅遅延とを心からお詫びしたい。そして、実際の製作に当たってくださった高尾すずこさんには、数々のワガママを聞いていただき、十分な御礼の言葉も見つからない。おかげさまで、無事に校了まで漕ぎつけられた。

なお、私にとって本書は初めての一般書である。これまでも、博物館などで市民の方々にお話しさせていただく経験はしばしばあったが、話すのと書くのとではまるで勝手が違う。それでも、こうした小著をまがりなりにもまとめられたのは、多くの方々のご指導やご協力があったからである。逐一お名前は挙げないが、深く感謝したい。

そして最後に、いつも寛大な姿勢で見守ってくれている北大日本史学講座の同僚諸氏、出張がちで迷惑をかけどおしの家族に対して、とくに御礼の気持ちを申し述べたい。

二〇一二年六月二十六日

ポプラの柳絮の舞う北大キャンパスにて

橋本　雄

引用・参考文献一覧

赤澤英二「室町水墨画と李朝画の関係」『大和文華』一一七号、二〇〇八年
網野善彦「地域史研究の一視点」佐々木潤之介・石井進編『新編：日本史研究入門』東京大学出版会、一九八二年
〃『無縁・公界・楽』（網野善彦著作集12）岩波書店、二〇〇七年
荒木和憲『中世対馬宗氏領国と朝鮮』山川出版社、二〇〇七年
安 輝濬「朝鮮王朝初期の絵画と日本室町時代の水墨画」『水墨美術大系別巻2 李朝の水墨画』講談社、一九七七年
伊川健二『大航海時代の東アジア――日欧通交の歴史的前提』吉川弘文館、二〇〇七年
池内 敏『大君外交と「武威」――近世日本の国際秩序と朝鮮観』名古屋大学出版会、二〇〇六年
泉 澄一「室町時代・対馬における仰之梵高和尚について」『対馬風土記』一〇号、一九七三年
板倉聖哲編『朝鮮王朝の絵画――東アジアの視点から』（アジア遊学120）勉誠出版、二〇〇九年
井手誠之輔『日本の宋元仏画』（日本の美術418）至文堂、二〇〇一年
伊藤幸司『中世日本の外交と禅宗』吉川弘文館、二〇〇二年
〃「日朝関係における偽使の時代」『日韓歴史共同研究委員会報告書』第一期・第二分科（中近世）日韓文化交流基金・韓日文化交流基金、二〇〇五年
〃「雪舟の旅と東福寺派のネットワーク」『朝日百科・日本の国宝別冊 国宝と歴史の旅⑪「天橋立

図」を旅する―雪舟の記憶―』朝日新聞社、二〇〇一年
井原今朝男『中世の借金事情』（歴史文化ライブラリー）吉川弘文館、二〇〇八年
今泉淑夫『禅僧たちの室町時代――中世禅林ものがたり』吉川弘文館、二〇一〇年
今枝愛眞『中世禅宗史の研究』東京大学出版会、一九七〇年
上島　享「修正会と大般若経」刀田山鶴林寺編『鶴林寺とその全盛時代　室町折衷様式の美』法藏館、二〇一〇年
上田純一『足利義満と禅宗』（シリーズ権力者と仏教3）法藏館、二〇一一年
宇佐見英治・田畑賢住『円成寺』（古寺巡礼：奈良2）淡交社、一九七九年
荏開津通彦「霊彩の時代遅れ」河野元昭先生退官記念論文集編集委員会編『美術史家、大いに笑う』ブリュッケ、二〇〇六年
大塚紀弘「宋版一切経の輸入と受容」『鎌倉遺文研究』二五号、二〇一〇年
岡崎讓治「対馬の金工」平田寛・錦織亮介編『対馬の美術』西日本文化協会、一九七八年
岡本弘道『琉球王国海上交渉史研究』榕樹書林、二〇一〇年
長　節子『中世日朝関係と対馬』吉川弘文館、一九八七年
〃　『中世　国境海域の倭と朝鮮』吉川弘文館、二〇〇二年
〃　「朝鮮前期朝日関係の虚像と実像」『年報朝鮮学』八号、二〇〇二年
長　正統「中世日鮮関係における巨酋使の成立」『朝鮮学報』四一輯、一九六六年
押川信久「一五世紀朝鮮の日本通交における大蔵経の回賜とその意味」北島万次ほか編『日朝交流と相克の歴史』校倉書房、二〇〇九年

金澤　弘『水墨画――如拙・周文・宗湛』（日本の美術334）至文堂、一九九四年
上川通夫『日本中世仏教史料論』吉川弘文館、二〇〇八年
河内将芳『中世京都の都市と宗教』思文閣出版、二〇〇六年
河上麻由子『古代アジア世界の対外交渉と仏教』山川出版社、二〇一一年
河添房江『源氏物語と東アジア世界』（NHKブックス）日本放送出版協会、二〇〇七年
河添房江・皆川雅樹編『唐物と東アジア――舶載品をめぐる文化交流史』勉誠出版、二〇一一年
岸野　久『西欧人の日本発見――ザビエル来日前日本情報の研究』吉川弘文館、一九八九年
〃『ザビエルと日本――キリシタン開教期の研究』吉川弘文館、一九九八年
北島万次『豊臣秀吉の朝鮮侵略』（日本歴史叢書）吉川弘文館、一九九五年
木下　聡『中世武家官位の研究』吉川弘文館、二〇一一年
京都国立博物館編『京都最古の禅寺　建仁寺』（展覧会図録）二〇〇二年
〃編『高僧と袈裟――ころもを伝えこころを繋ぐ』（展覧会図録）二〇一〇年
楠井隆志「高麗朝鮮仏教美術伝来考」山口県立美術館編『高麗・李朝の仏教美術展』（展覧会図録）一九九七年
久保智康編『琉球の金工』（日本の美術533）ぎょうせい、二〇一〇年
小葉田淳『増補：中世南島通交貿易史の研究』臨川書店、一九九三年
斎木涼子「宋版一切経の輸入」奈良国立博物館編『聖地寧波――日本仏教一三〇〇年の源流』（展覧会図録）二〇〇九年
斎藤夏来「足利政権の坐公文発給と政治統合」『史学雑誌』一一三編六号、二〇〇四年
佐伯弘次「室町前期の日琉関係と外交文書」『九州史学』一一一号、一九九六年

〃「室町期の博多商人宗金と東アジア」『史淵』一三六輯、一九九九年
〃『対馬と海峡の中世史』（日本史リブレット）山川出版社、二〇〇八年
佐賀県立博物館編『佐賀の信仰と美術――いのりのかたち』（展覧会図録）一九九七年
桜井英治『室町人の精神』（講談社学術文庫版・日本の歴史12）講談社、二〇〇九年
〃『贈与の歴史学――儀礼と経済のあいだ』中公新書、二〇一一年
杉山　洋「琉球鐘」『仏教芸術』二三七号、一九九八年
須田牧子『中世日朝関係と大内氏』東京大学出版会、二〇一一年
関　周一「室町幕府の朝鮮外交」阿部猛編『日本社会における王権と封建』東京堂出版、一九九七年
〃『中世日朝海域史の研究』吉川弘文館、二〇〇二年
〃「中世東アジア海域の交流」小野正敏ほか編『中世の対外交流――場・ひと・技術』高志書院、二〇〇六年
髙岸　輝『室町絵巻の魔力――再生と創造の中世』吉川弘文館、二〇〇八年
高橋公明「外交儀礼よりみた室町幕府の日朝関係」『史学雑誌』九一編八号、一九八二年
〃「朝鮮遣使ブームと世祖の王権」田中健夫編『日本前近代の国家と対外関係』吉川弘文館、一九八七年a
〃「久辺国主のウソを読む」『国文学　解釈と鑑賞』平成十八年十月号、二〇〇六年
高橋慎一朗『武家の古都、鎌倉』（日本史リブレット）山川出版社、二〇〇五年
竹下正博「九州の中世彫刻」福岡市博物館編『空海と九州のみほとけ』（展覧会図録）二〇〇六年
田代和生・伊藤幸司ほか「学説史：偽使」前掲『日韓歴史共同研究委員会報告書』第一期・第二分科（中近世）、

二〇〇五年
田代和生・米谷均「宗家旧蔵「図書」と木印」『朝鮮学報』一五六輯、一九九五年
田中健夫『中世海外交渉史の研究』東京大学出版会、一九五九年
〃『対外関係と文化交流』思文閣出版、一九八二年
〃（訳注）申叔舟著『海東諸国紀』（岩波文庫）岩波書店、一九九一年
〃（編）『訳注日本史料　善隣国宝記・新訂続善隣国宝記』集英社、一九九五年
〃『倭寇――海の歴史』講談社学術文庫、二〇一二年
田中　稔「秋田城介時顕施入の法華寺一切経について」『大和文化研究』五巻六号、一九六〇年
玉村竹二『五山禅僧伝記集成』（新装版）思文閣出版、二〇〇三年
田村洋幸「室町前期の日朝関係」福尾教授退官記念事業会編『日本中世史論集』吉川弘文館、一九七二年
檀上寛「明代朝貢体制下の冊封の意味」『史窓』六八号、二〇一一年
塚本麿充「崇高なる山水・郭熙山水の成立とその意義」後掲・大和文華館編『崇高なる山水』（展覧会図録）二〇〇八年
坪井良平『日本の梵鐘』角川書店、一九七〇年
東京国立博物館・九州国立博物館編『京都五山　禅の文化展』（展覧会図録）二〇〇七年
トーピー、ジョン（著）、藤川隆男（監訳）『パスポートの発明――監視・シティズンシップ・国家』法政大学出版局、二〇〇八年
栃木県立美術館ほか編『朝鮮王朝の絵画と日本――宗達、大雅、若冲も学んだ隣国の美』（展覧会図録）二〇〇八年

中村榮孝『日鮮関係史の研究』（上・下）吉川弘文館、一九六五・六九年

西尾賢隆『中世の日中交流と禅宗』吉川弘文館、一九九九年

野沢佳美『明代大蔵経史の研究――南蔵の歴史学的基礎研究』汲古書院、一九九八年

橋本　雄「「遣朝鮮国書」と幕府・五山」『日本歴史』五八九号、一九九八年

〃　「遣明船と遣朝鮮船の経営構造」『遥かなる中世』一七号、一九九八年

〃　『中世日本の国際関係――東アジア通交圏と偽使問題』吉川弘文館、二〇〇五年

〃　「画僧霊彩の朝鮮行」『禅文化研究所紀要』二八号、二〇〇六年

〃　「室町政権と東アジア」『日本史研究』五三六号、二〇〇七年

〃　(Hashimoto, Yu), "The Information Strategy of Imposter Envoys: Chosŏn Korea in the 15th and 16th centuries," East Asian Maritime History, vol. 6: Angela Schottenhammer (ed.), *The East Asian Mediterranean—Crossroads of Knowledge, Commerce, and Human Migration.* Wiesbaden: Otto Harrassowitz, 2008

〃　「日明勘合再考」九州史学研究会編『境界からみた内と外』岩田書院、二〇〇八年

〃　「朝鮮に行った画僧霊彩」前掲・板倉聖哲編『朝鮮王朝の絵画』（アジア遊学120号）二〇〇九年

〃　「対明・対朝鮮貿易と室町幕府―守護体制」荒野泰典・石井正敏・村井章介編『日本の対外関係4 倭寇と「日本国王」』吉川弘文館、二〇一〇年

〃　「大蔵経の値段」『北大史学』五〇号、二〇一〇年

〃　『中華幻想――唐物と外交の室町時代史』勉誠出版、二〇一一年

〃　(Hashimoto, Yu), "Korea in Muromachi Culture: Cultural Exchange between Japan and Korea and between Ryukyu and Korea," ACTA ASIATICA no. 103, 2012

橋本　雄・米谷均「倭寇論のゆくえ」桃木至朗ほか編『海域アジア史研究入門』岩波書店、二〇〇八年
羽曳野市史編纂委員会編『絵巻物集　羽曳野市史文化財編別冊』同市、一九九一年
早島大祐『首都の経済と室町幕府』吉川弘文館、二〇〇六年
細川武稔『京都の寺社と室町幕府』吉川弘文館、二〇一〇年
増田えりか「ラーマ1世の対清外交」『東南アジア：歴史と文化』二四号、一九九五年
松本真輔「菩薩の化現・現相」藤巻和宏編『聖地と聖人の東西――起源はいかに語られるか』勉誠出版、二〇一一年
松田毅一『近世初期日本関係南蛮史料の研究』風間書房、一九六七年
村井章介『アジアのなかの中世日本』校倉書房、一九八八年
〃『中世倭人伝』岩波新書、一九九三年
〃『国境を超えて――東アジア海域世界の中世』校倉書房、一九九七年
〃「壬辰倭乱の歴史的前提」『歴史評論』五九二号、一九九九年
〃「倭寇とはだれか」『東方学』一一九輯、二〇一〇年
〃『世界史のなかの戦国日本』ちくま学芸文庫、二〇一二年
森　克己「宋版一切経輸入に対する社会的考察」『新編森克己著作集4　増補日宋文化交流の諸問題』勉誠出版、二〇一一年
守屋正彦「大蔵経寺涅槃図について」『山梨県立美術館研究紀要』一号、一九八〇年
大和文華館編『崇高なる山水――中国・朝鮮、李郭系山水画の系譜』（展覧会図録）二〇〇八年
山本信吉「宋版一切経」同『古典籍が語る――書物の文化史』八木書店、二〇〇四年

米谷　均「一六世紀日朝関係における偽使派遣の構造と実態」『歴史学研究』六九七号、一九九七年
李　光濤「明清両代与暹羅」同『明清史論集』上冊、台湾商務印書館、一九七一年
ロビンソン、ケネス（Robinson, Kenneth R.）, “Treated as Treasures: The Circulation of Sutras in Maritime North-east Asia from 1388 to the Mid-sixteenth Century,” *East Asian History* 21, 2001
若桑みどり『クアトロ・ラガッツィ――天正少年使節と世界帝国』（上・下）集英社文庫、二〇〇八年
渡邊　一「霊彩」同『東山水墨画の研究』（増補版）中央公論美術出版、一九八五年

著者紹介

一九七二年、東京都に生まれる
二〇〇〇年、東京大学大学院人文社会系研究科博士課程単位取得退学、日本学術振興会特別研究員（PD）採用
二〇〇四年、博士（文学）学位取得
現在、北海道大学大学院文学研究科准教授

主要著書
『中世日本の国際関係―東アジア通交圏と偽使問題』（吉川弘文館、二〇〇五年）
『日朝交流と相克の歴史』（共編著、校倉書房、二〇〇九年）
『中華幻想―唐物と外交の室町時代史』（勉誠出版、二〇一一年）

歴史文化ライブラリー
351

偽りの外交使節
室町時代の日朝関係

二〇一二年（平成二十四）九月一日　第一刷発行

著　者　橋《はし》本《もと》雄《ゆう》

発行者　前田求恭

発行所　株式会社 吉川弘文館
東京都文京区本郷七丁目二番八号
郵便番号一一三―〇〇三三
電話〇三―三八一三―九一五一〈代表〉
振替口座〇〇一〇〇―五―二四四
http://www.yoshikawa-k.co.jp/

印刷＝株式会社 平文社
製本＝ナショナル製本協同組合
装幀＝清水良洋・星野槙子

歴史文化ライブラリー

1996.10

刊行のことば

現今の日本および国際社会は、さまざまな面で大変動の時代を迎えておりますが、近づきつつある二十一世紀は人類史の到達点として、物質的な繁栄のみならず文化や自然・社会環境を謳歌できる平和な社会でなければなりません。しかしながら高度成長・技術革新にともなう急激な変貌は「自己本位な刹那主義」の風潮を生みだし、先人が築いてきた歴史や文化に学ぶ余裕もなく、いまだ明るい人類の将来が展望できていないようにも見えます。このような状況を踏まえ、よりよい二十一世紀社会を築くために、人類誕生から現在に至る「人類の遺産・教訓」としてのあらゆる分野の歴史と文化を「歴史文化ライブラリー」として刊行することといたしました。

小社は、安政四年(一八五七)の創業以来、一貫して歴史学を中心とした専門出版社として書籍を刊行しつづけてまいりました。その経験を生かし、学問成果にもとづいた本叢書を刊行し社会的要請に応えて行きたいと考えております。

現代は、マスメディアが発達した高度情報化社会といわれますが、私どもはあくまでも活字を主体とした出版こそ、ものの本質を考える基礎と信じ、本叢書をとおして社会に訴えてまいりたいと思います。これから生まれでる一冊一冊が、それぞれの読者を知的冒険の旅へと誘い、希望に満ちた人類の未来を構築する糧となれば幸いです。

吉川弘文館

〈オンデマンド版〉
偽りの外交使節
室町時代の日朝関係

On Demand
歴史文化ライブラリー
351

2022年（令和4）10月1日　発行

著　者　橋《はし》本《もと》　雄《ゆう》
発行者　吉川道郎
発行所　株式会社　吉川弘文館
〒113-0033　東京都文京区本郷7丁目2番8号
TEL　03-3813-9151〈代表〉
URL　http://www.yoshikawa-k.co.jp/

印刷・製本　大日本印刷株式会社
装　幀　清水良洋・宮崎萌美

橋本　雄（1972～）

ISBN978-4-642-75751-5